Guide de nutrition du traileur

Conseils et recettes pour une alimentation adaptée à l'endurance

Alexandre G

Éditions du Chemin des Crêtes

www.chemindescretes.fr

Avec la participation de Grégoire Benoît, médecin généraliste,
Samuel Lugnier, coach sportif, et Lucie André, diététicienne
Graphisme et mise en page : Juliette Kermarrec
Illustrations : Caroline Giora, Johann Perona et Aurel Alicot
Photographies : David Gonthier
Imprimé à Péronnas par Sepec en avril 2021
Dépôt légal 1er trimestre 2021, ISBN : 979-10-95743-05-7

SOMMAIRE

2 - « BON APPÉTIT… OU PLUTÔT BONNE CHANCE ! »

3 - LES FILIÈRES ÉNERGÉTIQUES SOLLICITÉES PENDANT L'EFFORT

4 - AVANT, PENDANT, APRÈS L'EFFORT : SE PRÉPARER POUR L'AVENTURE

5 - MENUS ET RECETTES

AVANT-PROPOS

« Que ton aliment soit ta seule médecine. »

Hippocrate

Je me souviens encore d'une randonnée dans les Pyrénées lorsque j'avais huit ans. Mon cousin Jannick, sportif de haut niveau, m'accompagnait. Au début de l'ascension, un jeune couple de trentenaires nous dépasse avec une allure soutenue. Voyant mon impatience à les rattraper, mon cousin me regarde et dit : « Ne t'en fais pas, dans 1 h 30, on les double ». Amusé, je surveille alors ma montre jusqu'à les doubler, 1 h 30 plus tard...

La jeune femme était assise sur le bord du chemin, livide, avec de grosses gouttes de sueur qui perlaient le long de sa joue. Jannick lui donne alors deux carrés de chocolat et cinq minutes après, avec un grand sourire, les voilà de nouveau sur la route. Il se tourne une seconde fois vers moi et m'explique que le réservoir d'énergie moyen dans le corps permet de tenir environ 1 h 30, selon les personnes. Il avait vite observé que nos deux randonneurs, mal équipés, étaient inexpérimentés. Il en a déduit l'heure de l'hypoglycémie.

Alexandre Giora

Les effets positifs d'une bonne alimentation sur l'endurance sont nombreux. Cependant, pour le sportif débutant ou confirmé, il est souvent difficile de s'y retrouver parmi les nombreuses sources d'information qui gravitent autour de lui : coach en ligne, magazines, industrie agroalimentaire, marques de nutrition sportive, publicités, etc. Les conseils d'Alexandre Giora vous permettront d'obtenir un éclairage simple sur les méthodes à utiliser au quotidien dans votre pratique loisir ou sportive, avec un objectif santé et/ou de performance.

Samuel Lugnier, coach sportif

PRÉFACE

Dr Grégoire Benoît

Nous sommes tous concernés par ce sujet très vaste de la santé et du bien-être, c'est pourquoi je laisse mon ami et professionnel de la santé Grégoire Benoît présenter cet ouvrage :

« *Nous sommes ce que nous mangeons* ». Cette phrase du Dr Catherine Kousmine (1904-1992) résume à elle seule l'intérêt d'une alimentation saine, variée et équilibrée. Car nous le savons tous, par le biais des médias et des médecins, manger des aliments de bonne qualité est une des conditions *sine qua non* pour une bonne santé, aussi bien physique que mentale. À cela s'ajoutent la pratique régulière d'une activité physique, un sommeil de qualité et l'absence de prise de toxiques : pas de tabac, de drogue et une consommation modérée d'alcool.

Ce livre a l'avantage d'être accessible à tous. Il vous donnera l'envie de faire du sport dans de bonnes conditions, en prenant soin de votre corps, en lui donnant ce qu'il y a de mieux sur le plan nutritionnel et en optimisant les ressources nécessaires lors d'un effort physique. Chaque aliment que nous ingérons procure en effet à notre organisme tout un panel de ressources.

LES MACRONUTRIMENTS :

- Des protéines, constituées d'acides aminés, véritables « briques » de notre organisme.
- Des lipides, indispensables à la protection de nos cellules, aux cycles hormonaux, à la bonne conduction nerveuse et constituant une bonne réserve énergétique pour les efforts de longue durée.
- Des sucres, qui seront stockés dans nos muscles et le foie en une forme d'énergie rapidement disponible : le glycogène. Ils sont également utiles pour nos neurones qui ne consomment quasiment que cela !

LES MICRONUTRIMENTS :

- Des vitamines, éléments indispensables à notre métabolisme et que nous ne pouvons pas produire nous-même.

- Des minéraux et oligoéléments (minéraux en très faibles quantités) nécessaires entre autres au bon fonctionnement cellulaire et à la conduction nerveuse.

Les aliments n'ayant pas la même composition en nutriments et l'organisme ayant besoin de tout pour fonctionner de façon optimale, on comprend aisément qu'il est nécessaire d'avoir une alimentation variée afin d'éviter les carences. Plus simplement, un organe qui ne reçoit pas tout ce dont il a besoin comme ressources pour fonctionner, ne jouera pas pleinement son rôle. Ainsi le foie filtrera mal les déchets issus du tube digestif et sécrétera une bile de moins bonne qualité ; le pancréas remplira moins bien sa fonction dans la régulation de la glycémie, le cœur peinera à la tâche sur le long cours... la liste est longue !

Sachez aussi cela : plus vous multipliez le choix des aliments que vous ingérez, plus vous potentialisez la variété au niveau de votre microbiote intestinal. Cela permet de générer le large panel d'éléments nécessaires à la synthèse de neurotransmetteurs, utiles pour un bon fonctionnement cognitif : votre mental n'en sera que renforcé et votre bien-être amélioré. Or, un solide mental vous sera utile pour toute épreuve physique, comme cela est expliqué dans le chapitre sur la loi de Pareto dans ce manuel.

Alexandre Giora sait qu'un esprit sain ne se développe vraiment que dans un corps sain. Les nombreuses activités physiques qu'il pratique depuis plusieurs années l'ont rendu toujours plus optimiste, en plus de lui procurer une grande confiance en soi. Nous répétons souvent : « le sport, c'est la santé ! ». Sachez que ce vieil adage est on ne peut plus vrai ! De nombreuses études attestent de tous les bienfaits qu'une activité physique régulière peut vous procurer. En plus de prévenir toutes les maladies cardiovasculaires et métaboliques (hypertension artérielle, infarctus du myocarde, hypercholestérolémie, diabète, AVC...), cela vous permettra de vieillir en bonne santé : vous atteindrez alors un bel âge en conservant un maximum de vos fonctions cognitives.

Cet ouvrage n'est pas seulement un guide pour accompagner vos trails ou autres évènements sportifs sur le plan alimentaire. Il rentre dans une démarche de bien-être global. Donner à son corps les meilleurs éléments qui soient pour lui permettre de fonctionner de façon optimisée et harmonieuse, prendre soin de soi, bien manger... tout cela signifie se respecter. Sachez vous accorder la dignité qui incombe à chaque être humain depuis sa naissance.

INTRODUCTION

Le corps humain est une machine d'une grande complexité. En constante régulation et adaptation, elle est d'une précision surprenante et nous n'en avons souvent pas conscience ! Une bonne alimentation, parfaitement distribuée pendant un effort endurant, est essentielle quel que soit le niveau du pratiquant.

Dans ce manuel, je résume pour tout le monde certaines pratiques nutritionnelles connues. Elles s'appliqueront plus spécifiquement au trail. Les autres activités, comme le marathon sur route, la natation, le vélo, etc., nécessitent quelques adaptations aux méthodes qui vous sont présentées ici. Le trail est une discipline qui consiste à courir à pied, en nature et sur des distances plus ou moins longues. En tant que sportif amateur et ingénieur du vivant, j'ai sollicité le médecin Grégoire Benoît, la diététicienne Lucie André, ainsi que le coach sportif Samuel Lugnier pour m'accompagner dans cette rédaction. Je partage aussi mes recettes maison, que vous pourrez par la suite enrichir selon vos goûts, vos envies et vos expériences. Il n'existe pas de vérité unique, nous sommes tous différents si l'on compare nos métabolismes, nos entraînements, nos âges, nos habitudes... Chacun doit alors être en mesure de s'approprier et de digérer les concepts présentés dans ce livre : vous aurez compris qu'il convient d'écouter son corps et d'adapter son alimentation à ses pratiques.

PARTIE 1

BIEN MANGER, C'EST 80 % DU RÉSULTAT

L'endurance est l'aptitude à maintenir dans le temps un certain niveau d'intensité physique. Pour maintenir cet effort au fur et à mesure de l'exercice, il faut s'alimenter en conséquence. Marcher pour vagabonder, marcher pour le sport, marcher pour s'aérer l'esprit ou encore marcher pour le plaisir... Quand on part en excursion sportive ou de loisir, les risques les plus courants sont en effet l'hypoglycémie, la déshydratation ou tout simplement les troubles digestifs, qui peuvent incommoder la pratique de l'activité.

CHAPITRE 1
LES PRINCIPALES PATHOLOGIES DU SPORTIF

A. L'HYPOGLYCÉMIE

Selon les individus, l'hypoglycémie peut se manifester de différentes manières : agressivité, nervosité, fringale, altération du raisonnement, sueurs, tremblements, etc. Lors de ma formation pour devenir sauveteur-secouriste, j'ai compris qu'une hypoglycémie mal gérée dans le temps peut provoquer à terme une hypothermie, puis un arrêt cardio-respiratoire et enfin le décès ! Un manque de sucre en lien avec un effort intense en est l'origine.

B. LES TROUBLES DIGESTIFS

Dans mon entourage sportif, une personne sur deux aurait déjà été sujette à des diarrhées, gaz ou autres troubles digestifs lors d'une activité physique. Construire son programme alimentaire avant, pendant et après une épreuve, permettra de limiter ces désagréments.

C. LA DÉSHYDRATATION

Quelques-uns des signes observés lors d'une déshydratation peuvent être : la sensation de soif, des maux de tête, la confusion, des vomissements, une tendinite, etc. Il est bien de savoir qu'une déshydratation mineure – soit environ 2 % de perte d'eau – s'accompagne d'une baisse de 20 % des performances sportives !

OBSERVATIONS DU DR BENOÎT

« Il est important de parler de la déshydratation. Le simple fait d'avoir soif est un signe tardif de déshydratation, en quelque sorte une sonnette d'alarme ! Nous devrions théoriquement ne jamais avoir soif, c'est-à-dire qu'il faudrait boire régulièrement de sorte que la soif ne se déclenche jamais. Cela est évidemment valable pour l'effort physique, mais aussi quotidien, notamment au travail ! Les performances cognitives (mémoire, attention, réflexion...) sont altérées lors d'une déshydratation. L'attention est primordiale dans le sport pour éviter les blessures ! Alors, hydratez-vous bien ! »

D. LES CRAMPES

Tout le monde a déjà fait l'expérience d'une crampe musculaire. Et c'est très douloureux. Quand les muscles sont mal échauffés ou trop fatigués, ils peuvent être sujets à des contractions anarchiques. Une carence en ions et minéraux ainsi qu'une mauvaise hydratation en sont fréquemment la cause.

La connaissance approfondie de la physiologie humaine a permis d'améliorer considérablement les performances des sportifs sur le terrain, qu'ils soient de haut niveau ou de simples pratiquants. Une bonne gestion de l'alimentation associée à un entraînement approprié permet d'aborder n'importe quelle course avec une aisance accrue, source de plus grand plaisir !

OBSERVATIONS DU DR BENOÎT

« En effet, ce sont souvent des troubles liés à une carence locale en calcium ou en potassium. Vous trouverez du calcium en quantité dans les amandes. Les fruits secs et les bananes sont quant à eux riches en potassium. »

E. LA TENDINITE

Lors d'une sortie longue en trail, les jambes peuvent effectuer plus de 180 pas par minute. Répéter un même mouvement des centaines, voire des milliers de fois, peut générer des microlésions, notamment au niveau des tendons, ce qui est terriblement handicapant. Il faut donc augmenter progressivement la charge de l'entraînement, respecter les temps de repos, pratiquer des étirements et soigner son alimentation ! Bien que l'origine d'une tendinite puisse être multifactorielle, une alimentation non adaptée en est souvent la cause principale.

OBSERVATIONS DU DR BENOÎT

« Deux causes peu connues des tendinites : les troubles dentaires et l'inflammation générale ; les premiers entraînant cette dernière. L'inflammation générale du corps peut être réduite en valorisant les aliments anti-inflammatoires : aliments non raffinés, les produits complets (pâtes, pain et riz complets, sucre roux) et aliments riches en oméga 3 comme les poissons gras (saumon, maquereau, hareng, sardine), et les oléagineux (noix, noisettes). Agrémenter ses crudités de bonnes huiles riches en oméga 3 est aussi une bonne façon de se supplémenter : huile de colza, huile de lin ou huile de noix (adoptez l'huile vierge, première pression à froid, bio). À cette dernière, il est bon d'associer du curcuma et du poivre noir. Le premier est une épice puissamment anti-inflammatoire et le second permet grâce à la pipérine qu'il contient de multiplier par 10 000 l'absorption de la curcumine. Une bonne hydratation prévient et traite aussi en partie les tendinites. »

CHAPITRE 2

LA LOI DE PARETO

Que cela soit pour un trek de longue durée, une expédition extrême, une ascension d'une journée ou un simple trail, l'intégration de la physiologie du corps humain et des connaissances en matière de nutrition et de diététique ont permis de changer en profondeur les pratiques de nos activités. Mais si la préparation physique et physiologique tient une place essentielle, il est également important de considérer la dimension psychologique dans les performances sportives, qui prend souvent une place prépondérante lorsque l'engagement est très important. Ces aspects, qui ont été rationalisés, permettent de mieux décortiquer les rouages intimes de la mécanique humaine et ainsi permettre d'améliorer les performances sportives.

En 2018, j'ai pris le départ du mythique Embrunman, considéré comme l'un des trois triathlons les plus difficiles au monde : 3,8 km de natation – 188 km de vélo sur 5 000 m de dénivelé positif dans les Alpes françaises – 42 km de course à pied. Avec une sérieuse chute à vélo à mi-parcours, juste après le fameux col de l'Izoard, le mental a pris l'ascendant sur mon corps. J'ai pu avaler les 90 km restant de vélo puis enchaîner avec le marathon sur chemins de terre.

En continuant de m'alimenter régulièrement, le psychique et la motivation donnée par les supporters m'ont aidé à faire face à la douleur, au câble cassé du dérailleur, à une roue voilée, aux cols pentus, aux ampoules et au soleil d'été pendant plus de 16 heures d'effort.

Un des exemples les plus inspirants pour moi est celui de Philippe Croizon qui, à 42 ans, sans bras ni jambes, traverse en 13 h 30 les 30 km de la Manche à la nage. Avec la force mentale, tout devient possible.

J'en viens alors au principe des 80/20 ou encore à la loi de Pareto, qui est un phénomène constaté dans de nombreux domaines tels que les mathématiques, la microbiologie, les systèmes économiques, etc. Le principe est simple : environ 80 % des effets sont le produit de 20 % des causes.

En ingénierie agroalimentaire, ce principe est très souvent appliqué. J'ai également pu l'observer dans la pratique quotidienne de mes activités sportives. En effet, de nombreux sportifs s'accordent à dire que 80 % de la réussite d'une épreuve d'endurance dépendent du mental. Les 20 % restants, propres à la condition physique, sont à nouveau répartis en 80/20 : 80 % de la condition physique dépendent de l'alimentation quand 20 % sont dus à l'entraînement. Le schéma que vous trouverez ci-après est une traduction plutôt expérimentale que scientifique, qui retranscrit de manière simplifiée cette intuition qu'ont plusieurs sportifs.

REPRÉSENTATION SCHÉMATIQUE
DE LA LOI DE PARETO

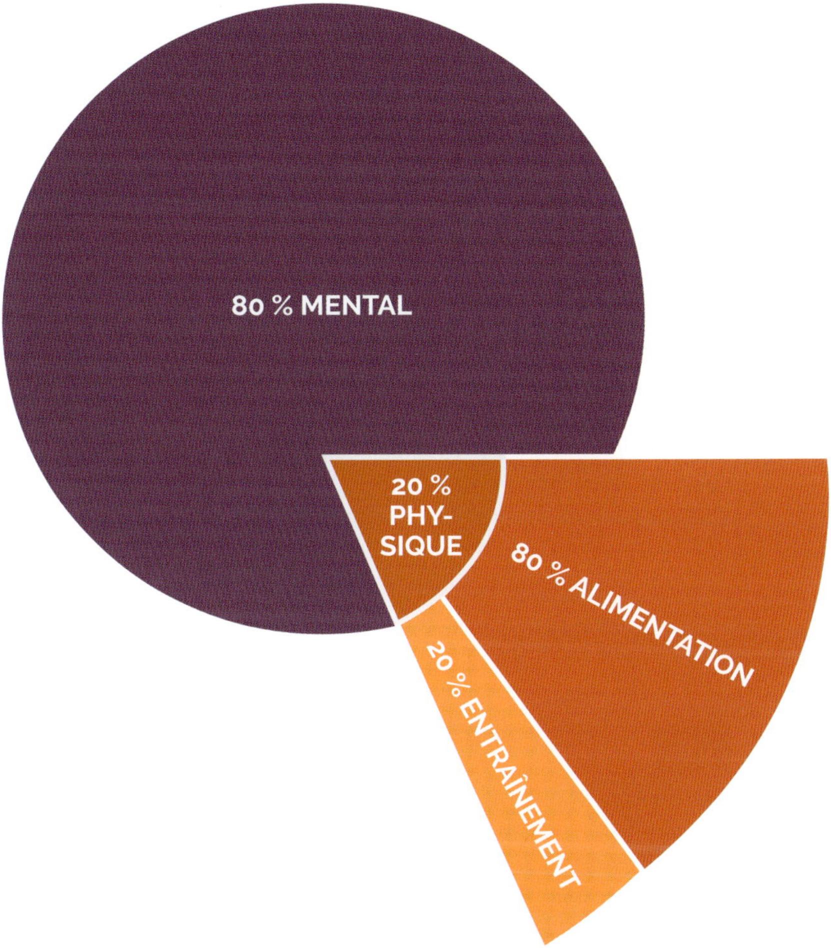

Autrement dit, pour doubler une étape du GR20, 80 % viendront de la motivation et 20 % de l'intensité physique nécessaire. Pour réaliser ces 20 % d'efforts physiques supplémentaires sans arriver au refuge plein de crampes, il est donc utile d'avoir un minimum d'entraînement (contribution à 20 %), mais il est indispensable de bien s'alimenter en quantité et en qualité (contribution à 80 %).

Par ailleurs, que ce soit avec une bonne ou une mauvaise alimentation, le corps est capable de réaliser une performance égale. Cependant dans le cas d'une mauvaise alimentation, le corps puise dans le capital santé pour fournir l'effort. Tandis qu'avec une bonne alimentation, ce sont les nutriments qui fournissent l'énergie.

Je suis parfois stupéfait de constater la mauvaise nutrition de la plupart de mes camarades sportifs. Je suis convaincu qu'ils pourraient considérablement diminuer les risques de blessures, de fatigue et améliorer leurs performances et leur récupération à l'effort grâce à une meilleure alimentation.

TÉMOIGNAGE DE SAMUEL LUGNIER

« En tant qu'entraîneur de triathlon, j'ai malheureusement pu constater que l'alimentation était un paramètre en majorité délaissé par mes athlètes au profit de l'entraînement physique lui-même. »

OBSERVATIONS DU DR BENOÎT

« Voyez l'état dans lequel vous êtes lorsque vous avez faim. Énervé, agité, impulsif, émotif… les symptômes d'un début d'hypoglycémie. Lors d'un effort physique, votre corps est durement sollicité ; il a donc besoin de recevoir régulièrement du « bon carburant », de l'énergie. Votre mental sera également fortifié. Ce dernier est comme un muscle que l'on peut travailler avec l'entraînement sportif, mais également avec des exercices de méditation ! »

CHAPITRE 3

LES INTESTINS, NOTRE SECOND CERVEAU

Nos aliments sont digérés pour être transformés en nutriments. Ensuite, les nutriments sont assimilés par l'organisme pour produire notre énergie, comme présenté dans le prochain chapitre.

A. QU'EST-CE QUE LA DIGESTION ?

Pour faire simple, la digestion est l'ensemble de processus qui vont transformer la nourriture en énergie et en excréments. Elle commence dans la bouche par la mastication et la sécrétion salivaire. Les aliments sont ensuite transformés en macronutriments : lipides, protides et glucides. Puis progressivement en nutriments, petites fractions des macronutriments qui deviennent alors assimilables pour l'organisme. Tout ce qui n'est pas assimilé sera éliminé par les voies naturelles. Les liquides sont éliminés en 2 heures environ tandis que la partie solide prendra entre 12 et 16 heures à être digérée. C'est donc un effort plutôt long que nous demandons à notre organisme. La digestion est un phénomène qui nécessite par ailleurs beaucoup d'énergie. Il est donc très important d'y accorder une attention toute particulière pendant la pratique d'une activité d'endurance.

Dans ma pratique occasionnelle de la haute montagne, à près de 6 500 m d'altitude, j'ai ressenti les phénomènes liés à la baisse de pression et au manque d'oxygène. Et les effets secondaires peuvent devenir très gênants au niveau digestif. Plutôt que d'avaler un gros sandwich une bonne fois pour toutes, j'ai compris la nécessité de s'alimenter en petite quantité et de manière continue dans le temps. Sinon, vous vomirez tout simplement votre repas ! En effet, le corps privilégiera le cerveau et les muscles plutôt que l'estomac, lorsqu'il s'agira de fournir de l'énergie. La conséquence est dramatique, car si l'on ne peut pas digérer les aliments, on ne peut pas assimiler les nutriments. Et sans leur énergie, le projet sportif risque d'avorter rapidement.

Lipides, protides, glucides et sels minéraux sont des mots largement utilisés dans notre quotidien. Et pourtant, peu de gens savent ce qu'il en est. Retenez simplement qu'ils sont les quatre matériaux principaux qui permettent de construire et réparer le corps humain. Quelques exemples pour illustrer : vos ongles sont faits de kératine, une protéine ; vos os, principalement de calcium (sel minéral) ; tandis que les lipides et glucides fournissent l'énergie pour vos activités.

La digestion est composée de plusieurs étapes chronologiques, qui font intervenir des phénomènes mécaniques et biochimiques plus ou moins complexes.

OBSERVATIONS DU DR BENOÎT : L'HYGIÈNE BUCCO-DENTAIRE

Un parallèle très intéressant a été observé, depuis plusieurs années, entre la santé des dents et la performance des sportifs. Il est donc désormais impossible d'ignorer la nécessité d'une bonne santé bucco-dentaire !

En effet, le traileur est sujet aux grignotages sucrés et acides, qui sont très cariogènes. Or, une carie ou une inflammation dans la bouche peut être en relation directe avec certaines blessures musculaires ou tendineuses.

Les recommandations de l'Union Française pour la Santé Bucco-Dentaire (UFSBD) sont : un brossage des dents 2 fois par jour, matin et soir, après le petit-déjeuner et le dîner. De plus, se rincer la bouche à l'eau claire après une prise alimentaire, ou bien mastiquer un chewing-gum sans sucres, devrait devenir un réflexe pour le sportif régulier.

L'APPAREIL DIGESTIF

CHEZ L'HOMME

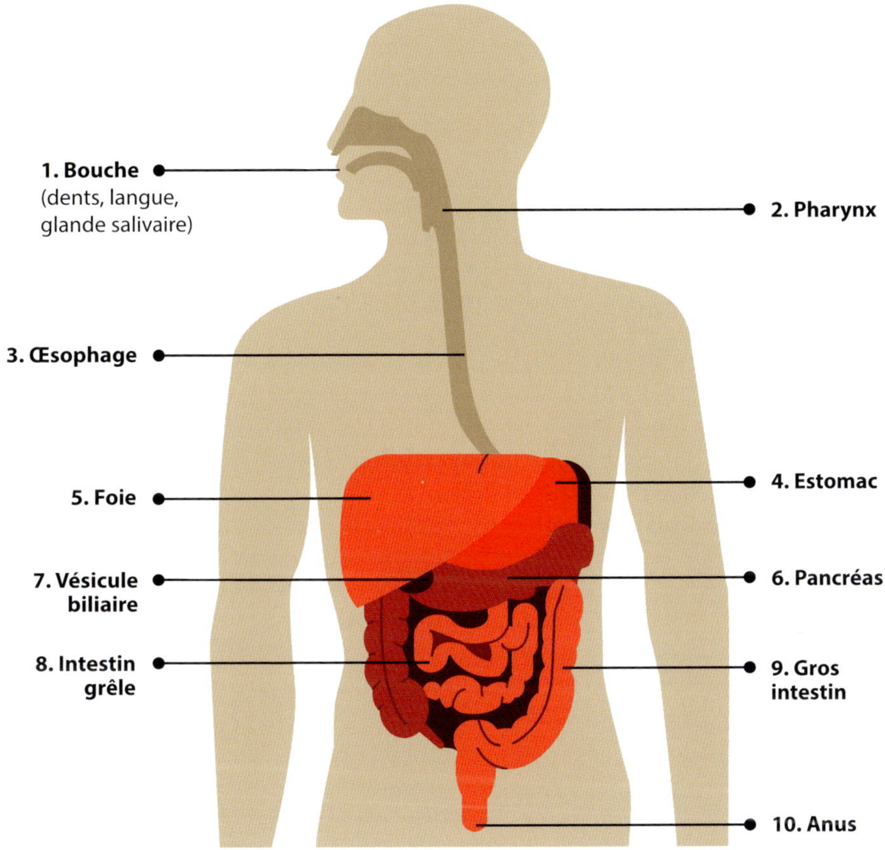

B. LE SECOND CERVEAU

La digestion des aliments et un processus que nous connaissons depuis très longtemps. Elle est notamment le fait du microbiote, ou flore intestinale, qui fait l'objet depuis peu de nombreuses études à travers le monde. Ce microbiote est constitué de l'ensemble des micro-organismes contenu dans nos intestins, soit plusieurs centaines d'espèces différentes. Nous avons dans notre ventre plus de 100 000 milliards de bactéries, soit plus de 10 fois le nombre de cellules qui constituent le corps humain. Nous sommes donc dans une forme de symbiose avec notre flore intestinale : on lui donne gîte et couvert et en échange, elle s'occupe de notre santé d'une manière décisive. Rien que pour cette raison, ce guide mérite un chapitre dédié à ce que les scientifiques appellent « le second cerveau ».

La muqueuse intestinale, autrement dit la paroi superficielle du tube digestif, avoisinerait les 300 m². C'est la surface d'un terrain de tennis ! Cette surface d'échange exceptionnelle abrite notre microbiote et elle est à la fois très fine et fragile : à nous de bien la ménager pour faciliter les fonctions métaboliques de la digestion. Comment ? En ingérant des fibres. Les fibres sont en fait des sucres un peu plus complexes, qui les rendent non assimilables par nos enzymes naturelles. Une enzyme est une protéine ayant la fonction d'activer des réactions biochimiques. En revanche, les fibres sont une bonne nourriture pour notre microbiote. Il convient également de bien mâcher la nourriture avant de l'avaler, sinon le bol alimentaire sera constitué de débris qui risqueraient de stimuler certains micro-organismes plus que d'autres, entraînant gaz, ballonnements, diarrhée, etc. Or, il est essentiel d'avoir un équilibre entre la flore de fermentation (présente dans notre côlon droit) et celle de putréfaction (côlon gauche). Car en plus de nos enzymes, ce sont ces deux flores qui favorisent les processus de digestion et d'absorption. Une fois bien nourries, nos bactéries sont capables de sécréter des messagers chimiques qui vont booster notre système immunitaire : prévention des allergies, des maladies auto-immunes, des inflammations chroniques, des infections, etc.

Ces 2 kg de bactéries joueraient bien d'autres rôles. Elles interagiraient par exemple avec notre cerveau jusqu'à influencer notre comportement et notre humeur. Tous ces êtres vivants que nous hébergeons font de nous des individus uniques et non indépendants.

QUELQUES ASTUCES

1. Pour une bonne digestion, prendre le matin de l'épreuve une gélule de probiotiques. Ce sont des micro-organismes vivants (bactéries et levures) qui sont naturellement présents dans vos intestins. Ce complément va renforcer votre flore intestinale et booster vos défenses immunitaires. Vous pouvez éventuellement y associer des prébiotiques : pour faire simple, c'est la « nourriture » des probiotiques.

2. Si vous êtes fragile des intestins, emportez au cas où du charbon actif et un cachet anti-diarrhéique après en avoir parlé à votre médecin. Le charbon actif, grâce à sa structure poreuse, possède la capacité de capturer les éventuelles molécules toxiques dans votre estomac.

Partie 2

« Bon appétit… ou plutôt bonne chance ! »

Cette citation de Pierre Rabhi tirée d'une interview réalisée en 2018 (« Alimenter l'utopie ? », France Culture, 19 juillet 2018) est malheureusement d'actualité. En tant qu'ingénieur en industries agroalimentaires, j'ai eu l'occasion d'aborder certains des concepts de la mondialisation, pour le meilleur comme pour le pire…

CHAPITRE 1

L'INDUSTRIE AGROALIMENTAIRE, RÔLE ET VICES CACHÉS

Il faut conserver un regard critique sur les produits transformés que vous trouverez dans le commerce. La transformation des matières premières en produits de grande consommation implique des changements souvent drastiques dans la composition de ces derniers. Par exemple, la conservation des aliments par un procédé thermique sera responsable de la destruction d'une grande majorité des vitamines, protéines et autres éléments indispensables à la santé. Pour compenser ces pertes, les laboratoires de formulation ont recours aux additifs. Notre alimentation est donc de plus en plus pauvre et nous sommes confrontés à l'apparition de diverses maladies, telles que les allergies, l'obésité etc. Il est donc recommandé de cuisiner autant que possible avec des produits frais et de varier ce que vous mettez dans votre assiette. Vous pourrez également favoriser vos achats dans les circuits courts (fermes, coopératives, etc.) afin de bénéficier de produits locaux et surtout saisonniers. Des aliments de qualité sont garants d'une bonne santé et nécessaires aux activités physiques.

De nos jours, le marketing alimentaire est une science très puissante dans le monde du sport et de la nutrition, et constitue un marché juteux. Ainsi vous faudra-t-il faire la part des choses et rester pragmatique dans votre comportement d'achat et de consommation.

CHAPITRE 2

ABC DE L'ALIMENTATION

A. LES GROUPES ALIMENTAIRES

En nutrition, les aliments sont classés en cinq groupes principaux en fonction de leurs composants nutritionnels :

LES GROUPES D'ALIMENTS	LEURS APPORTS NUTRITIONNELS	LEUR PRINCIPAL INTÉRÊT EN ENDURANCE
1. Les produits laitiers	Calcium et protéines	Le calcium sert à avoir des os solides et des dents en bonne santé.
2. Les viandes, poissons et œufs	Protéines et fer	Pour construire, réparer et entretenir les muscles.
3. Les matières grasses	Acides gras et vitamines liposolubles	Apports énergétiques : On y retrouve les vitamines A, D, E et K qui sont nécessaires à l'entretien et au renouvellement de nos cellules.
4. Les céréales, féculents et légumes secs	Glucides et fibres	Ils apportent l'énergie pour les muscles et le cerveau.
5. Les fruits et légumes	Vitamines, fibres et sels minéraux	Pour combattre les maladies en renforçant le système immunitaire et faciliter le transit intestinal.

Certains y ajoutent parfois un sixième groupe, celui des boissons et même un septième, celui des produits sucrés. En pratique, pour avoir une alimentation équilibrée, il faut puiser dans chacun de ces groupes d'aliments.

B. LA PYRAMIDE ALIMENTAIRE

Cette représentation visuelle est un guide du régime alimentaire omnivore équilibré : il permet de récapituler les différents groupes alimentaires en fonction des proportions à ingérer. Du bas de la pyramide vers le haut, la quantité des aliments à ingérer diminue.

Au cours de ces dernières années, les scientifiques se sont approprié et ont réadapté maintes fois cette pyramide alimentaire. Je vous propose la version de l'« asbl Question Santé » sur les recommandations de l'OMS. L'« asbl Question Santé » est un acteur reconnu sur l'information et l'éducation, dans le domaine de la santé au niveau national.

REPRÉSENTATION SCHÉMATIQUE
DE LA PYRAMIDE ALIMENTAIRE

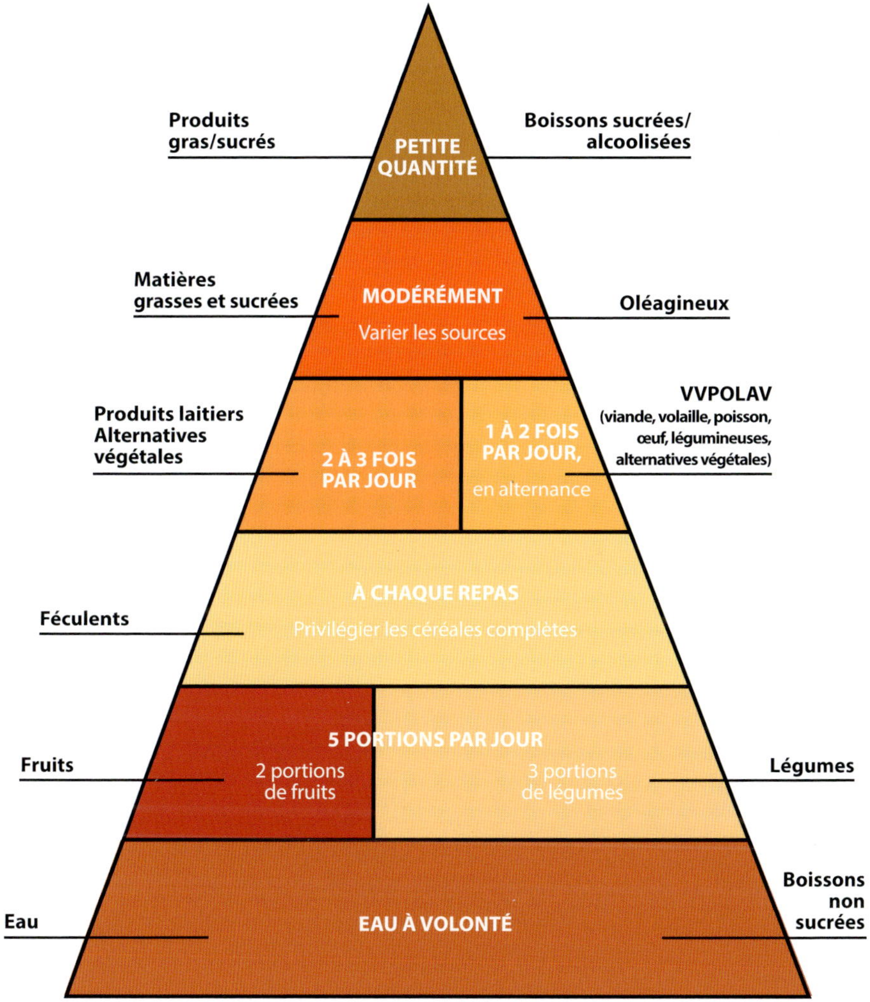

PARTIE 3
LES FILIÈRES ÉNERGÉTIQUES SOLLICITÉES PENDANT L'EFFORT

Les aliments sont un carburant de nos activités physiques. Pour les lecteurs fanatiques des cartes IGN, les collectionneurs de topo-guides, les obsessionnels des dernières chaussures de trail au fit biomécanique ou des mythiques tiges hautes recommandées dans les magazines de randonnée..., pensez aussi que les phénomènes biochimiques et les mécanismes physiologiques associés à l'alimentation sont, eux aussi, indispensables ! Ils ne seront pas détaillés dans ce manuel, néanmoins, je vous propose de les comprendre par une approche de vulgarisation scientifique.

L'énergie apportée par nos aliments est mesurée en joules (j) ou en calories (cal). Elle est acheminée à nos muscles par une molécule portant le nom barbare d'Adénosine Triphosphate, ou ATP pour les intimes. Cette molécule est un intermédiaire, un donneur d'énergie, grâce à sa capacité à « activer » ou « désactiver » certaines molécules impliquées dans des réactions chimiques.

L'ATP par exemple, en interagissant avec la myosine, permet à la fibre musculaire de se contracter lors de l'effort.
Un paquet d'ATP (mole) pèse 507 g. Le calcul est le suivant : pour parcourir 10 km, un homme de 70 kg devrait emporter 100 paquets (moles) d'ATP, soit 50,7 kg de cette molécule !

Vous vous imaginez transporter 50,7 kg d'ATP dans votre sac à dos ? Non, évidemment... et vos muscles non plus... Le corps humain est donc bien fait, il a trouvé la solution : produire l'énergie au fur et à mesure de ses besoins plutôt que de la stocker. On dépenserait donc 1 kcal par kg transporté par km parcouru et ce, quasiment quelle que soit son allure. Par exemple, un traileur de 60 kg, sur 30 km, aura besoin de : 1 x 60 x 30 = 1 800 kcal.

L'ouvrage *Le Marathon*, de Guy Thibault, compile un certain nombre de mesures physiologiques qui mènent à cette conclusion désormais bien admise dans le milieu sportif. Il existe évidemment d'autres variables qui peuvent influer ces dépenses. Il est cependant difficile de rationaliser simultanément l'ensemble des contraintes physiques imposées par l'intensité technique, le poids des charges, les intempéries, l'altitude, le manque de sommeil, etc., autant d'éléments qui s'appliquent à un effort pédestre de longue durée. Tenons-nous en donc simplement à une approche « basique » dans un environnement « classique ».

À ce jour, la plupart des aliments consommés par les sportifs sont évalués en kilo joules. Cette évaluation est réalisée en énergie brute alors que les rapports respectifs en glucides, protides et lipides ne sont pas suffisamment étudiés. Les conséquences en sont un résultat médiocre pour les performances de l'organisme et une récupération non optimale. Trois filières énergétiques sont ainsi sollicitées lors de l'effort. Dans chacune d'elles, l'ATP intervient :

1. Anaérobie alactique
2. Anaérobie lactique ou glycolyse anaérobie
3. Aérobie ou glycolyse aérobie (cycle de Krebs)

Peu importent leurs noms, appelons-les simplement dans l'ordre : filières n° 1, n° 2 et n° 3. Ces trois filières, qui fonctionnent simultanément, ont chacune leurs avantages et leurs inconvénients.

CHAPITRE 1

LES FILIÈRES

A. LA FILIÈRE ANAÉROBIE ALACTIQUE, UTILE POUR UN SPRINT

La filière n° 1 a l'avantage d'être immédiatement opérationnelle grâce la phosphorylcréatine présente dans notre corps. C'est cette filière énergétique qui vous permet de courir un sprint pendant 30 secondes afin d'attraper le bus. Malheureusement, son stock est limité et même s'il se régénère automatiquement grâce à l'oxygène, les muscles vont solliciter la filière n° 2.

B. LA FILIÈRE ANAÉROBIE LACTIQUE, CELLE D'UNE COURSE DE MOYENNE DISTANCE

Heureusement, cette filière n° 2 est elle aussi assez vite mobilisable. Elle va utiliser l'excèdent de sucre (glucose) qui est stocké dans notre corps sous forme de glycogène. Le glycogène est donc un ensemble de molécules de glucoses liées entre elles pour être stockées plus facilement par nos cellules. Nous en avons en moyenne 50 g dans le foie et 400 g dans les muscles. Le glycogène est le carburant privilégié des allures rapides et des changements de rythmes. Lors d'un effort soutenu de type trail en montagne, ce stock sera épuisé au bout de 1 h 30 environ. On comprend ainsi la nécessité de le renouveler, en mangeant par exemple une pâte de fruit. Les facteurs limitants de cette filière sont l'augmentation de la lactatémie associée à la diminution du pH, à l'origine des contractions et des douleurs musculaires. Cependant, la lactatémie est un témoin de l'efficacité de la glycolyse, autrement dit la dégradation du glycogène. Et les lactates sont des « déchets » indispensables dans de nombreuses fonctions métaboliques, comme la synthèse de l'ATP par exemple.

C. LA FILIÈRE AÉROBIE, FILIÈRE DE L'ENDURANCE

Sur un ultra trail qui nécessite de l'endurance par exemple, le pyruvate issu de l'oxydation du lactate, va être utilisé dans la filière n° 3. Et là ça devient intéressant : le corps réduit ainsi considérablement l'acidité musculaire qui était devenue un inconvénient de la filière n° 2. Cette troisième filière énergétique utilise elle aussi le glucose, mais surtout les acides gras : nos graisses, qui sont stockées sous forme de triglycérides. La filière aérobie, comme son nom l'indique, a besoin d'oxygène pour fonctionner. Il faut donc bien respirer durant l'effort pour favoriser son activité. En plus de brûler les graisses, cette filière a un avantage de taille : une très grande capacité de production d'énergie, c'est-à-dire d'ATP en renfort de la filière n° 2.

Je n'ai pas mentionné les protéines et leurs acides aminés comme source d'énergie. Pourtant elles sont indispensables dans tous ces mécanismes ! Cependant, si votre corps en arrive à les dégrader directement pour produire l'énergie, c'est qu'il est soumis à rude épreuve… Pour résumer, retenez que les adeptes d'endurance auront besoin de sucres, de graisses et de protéines dans des proportions adaptées à l'effort.

OBSERVATIONS DU DR BENOÎT

« La compréhension de ces trois filières énergétiques est importante. C'est ce qui explique que pour perdre du poids, faire un jogging d'une quinzaine de minutes est inutile ! Mieux vaut réaliser un effort modéré sur une durée minimale de vingt à trente minutes. Ainsi, la marche et la randonnée sont des alliées de taille pour lutter contre le surpoids. Et d'aucuns trouveront cette activité moins contraignante qu'un sport plus soutenu. »

D. ENTRAÎNEMENTS À JEUN ET FILIÈRE AÉROBIE

Lors d'un stage de triathlon en Espagne avec mon coach Samuel Lugnier, j'ai appris à m'entraîner à jeun, avant le petit-déjeuner. Ce type d'entraînement habitue l'organisme à mobiliser plus rapidement cette troisième filière énergétique. Dans les années quatre-vingt, le chercheur K. Willcuts aurait ainsi révélé que l'activité sportive à jeun augmente la part des lipides utilisés par le muscle à l'effort. En effet, après une nuit de sommeil, les réserves de glycogènes utilisées pour maintenir nos fonctions vitales durant le sommeil, sont affaiblies. Il ne restera donc que les graisses pour maintenir le taux de glycémie pendant l'entraînement. Attention cependant aux effets secondaires, tels que la menace d'une hypoglycémie bien réelle et autres perturbations métaboliques. Mais il n'est pas non plus nécessaire d'infliger ce stress énergétique à l'organisme afin d'optimiser les processus d'utilisation des graisses. Un travail en endurance de plusieurs semaines augmente naturellement la perméabilité des membranes musculaires aux acides gras et l'activité des enzymes lipolytiques, les molécules permettant la réaction chimique de dégradation des graisses.

TÉMOIGNAGE DE SAMUEL LUGNIER

« Dans un sport d'endurance, l'importance d'amener au corps et au muscle un carburant en quantité et de qualité est primordial. Ceci afin de maintenir un bon état de concentration et une intensité d'exercice élevé lors de l'activité. Pour être endurant, l'athlète devra apprendre à renouveler le plus vite possible l'énergie qu'il consomme. Et cela dépendra de son alimentation pendant l'épreuve. »

CHAPITRE 2

OPTIMISER SON EFFORT PHYSIQUE

Le sport peut allonger notre durée de vie et améliorer notre bien-être. D'ailleurs, on entend souvent dire que l'homme est biologiquement fait pour l'endurance.

Un des paramètres à suivre pour optimiser son effort endurant est la fréquence cardiaque. La fréquence cardiaque maximale théorique (FC max) d'un individu est de (220 - son âge). Prenons l'exemple d'une femme de 30 ans. Sa FC max serait alors (220 - 30 ans) = 190 battements par min (bpm). Pour évoluer dans une épreuve d'endurance, il est toutefois recommandé de ne pas aller au-delà de 60 % à 65 % de sa FC max. En reprenant l'exemple précédent, l'effort cardiaque à soutenir ne devrait alors pas dépasser plus de 120 bpm si la pratiquante souhaite rester dans sa zone de confort. Au-delà du seuil des 60 %, le corps devient plus gourmand en énergie. On risquerait alors de se « mettre dans le rouge » et éventuellement de se blesser si l'intensité se prolonge. Aujourd'hui, il est très facile de se procurer un cardiofréquencemètre pour suivre cette mesure.

Au-delà de la dimension « confort », une approche rationnelle permettra également de réduire les risques liés aux dangers objectifs, en raccourcissant par exemple la durée d'une course engagée, ou en s'adaptant de manière pertinente aux effets de l'altitude. En parallèle, l'offre alimentaire s'est aussi spécialisée avec des aliments lyophilisés ultralégers, des plats cuisinés élaborés ainsi que des boissons isotoniques.

LE CHOIX DES ALIMENTS EN ENDURANCE

Une personne qui souhaite pratiquer une course d'endurance doit constituer son stock de graisses avant l'effort, puis maintenir son taux de glucose dans le sang (glycémie) pendant l'effort. Nous allons donc évoquer le sujet de l'index glycémique.

A. SUCRES LENTS, SUCRES RAPIDES : UNE NOTION OBSOLÈTE !

Depuis toujours, on m'a enseigné que la taille des glucides ingérés lors d'un repas avait une influence sur l'augmentation plus ou moins rapide de la glycémie sanguine. D'où l'approche intuitive des sucres complexes (polysaccharides), qui seraient difficiles à métaboliser et donc lents pour être assimilés par l'organisme. À l'inverse, les sucres simples (mono et disaccharides), qui eux sont plus courts, passeraient plus rapidement dans le sang. D'où la notion de sucres lents et de sucres rapides.

Mais depuis plus de trente ans déjà, des études menées par le chercheur Jentkins DJ montrent que ce concept est erroné : les glucides, quelle que soit leur taille, seraient alors tous absorbés à la même vitesse par notre intestin ! Exception faite des glucides non digestibles en raison de leur composition (et non de leur taille), telles que les fibres. Plutôt que d'être hydrolysées par nos enzymes, les fibres fermentent dans le colon et favorisent le transit intestinal. Sur le graphique présenté ci-après et pour une même quantité de glucides, le sucre (saccharose, anciennement dit « rapide ») et les pâtes (amidon, anciennement dit « lent ») vont avoir sensiblement la même courbe de glycémie, tandis que les glucides qui les composent sont pourtant différents.

Donc pour comprendre cette nouvelle approche, on va désormais comparer les aliments, et non plus simplement les glucides qu'ils contiennent. Nous parlerons alors d'Index Glycémique (IG) des aliments. L'IG représente l'effet de la consommation d'un aliment sur la glycémie (taux de sucre dans le sang), durant les 2 heures suivant l'ingestion.

QU'EST-CE QUE LA GLYCÉMIE ?

Il s'agit tout simplement de la concentration de glucose contenu dans le sang. Cette concentration est maintenue à 1 g/l de sang, en moyenne, chez un individu en bonne santé. Quand cette concentration est inférieure, le glucagon, l'hormone qui fait en sorte de remonter la valeur à 1 g/l, intervient. Quand la glycémie est trop élevée, c'est l'insuline qui est sécrétée pour faire descendre le taux de sucre. Ces deux hormones sont sécrétées par le pancréas, un organe situé juste en dessous de l'estomac et derrière le côlon transverse (milieu du gros intestin).

Les expériences menées démontrent que les aliments atteignent, indépendamment de la nature des glucides qui les composent, leur pic de glycémie maximale après 30 minutes. Mais nous parlons bien pour simplifier, de « façon générale » ! Car les fibres (entre autres) peuvent retarder l'appartition du pic glycémique. En revanche, c'est désormais la valeur de la glycémie qui change fortement selon le type d'aliment. Le graphique suivant nous en donne une illustration simplifiée.

Par exemple, à quantité égale de glucides, une pastèque produit un pic de glycémie moins important que le pain blanc, tandis que leur pic est atteint plus ou moins en même temps. Pourtant, l'absorption d'un aliment a IG bas va se faire progressivement dans le temps. À l'inverse d'un aliment à IG élevé (courbe bleue), qui va redescendre plus rapidement sous le seuil de 1 g/l. Ainsi, on comprend bien que ce n'est plus le type de glucide qui compte (simples ou complexes), mais bien la nature de l'aliment ingéré.

QUELQUES FACTEURS QUI INFLUENCENT L'IG

La cuisson : plus un aliment est cuit, plus son index glycémique s'élève. En effet, la détérioration des macronutriments par l'application d'un traitement thermique favorise la digestibilité. Donc, ne pas trop cuire les pâtes…

La structure : un aliment broyé, tranché ou haché, sera plus facilement absorbé car son IG aura augmenté. On peut donner l'exemple d'une purée de pois chiches (houmous) qui provoque un pic de glycémie plus important que les pois chiches entiers.

La maturation : les fruits mûrs qui ont eu le temps de vieillir ont un IG élevé si on les compare au moment de la cueillette. Le vieillissement est la conséquence d'un état de décomposition qui dégrade les macronutriments. Un peu comme la cuisson.

La teneur en lipides, protéines et fibres : plus ils sont présents dans les aliments, plus l'IG sera faible. On privilégiera donc un jus d'orange avec sa pulpe (fibre) plutôt qu'un jus d'orange filtré.

REPRÉSENTATION SCHÉMATIQUE DE LA GLYCÉMIE SANGUINE

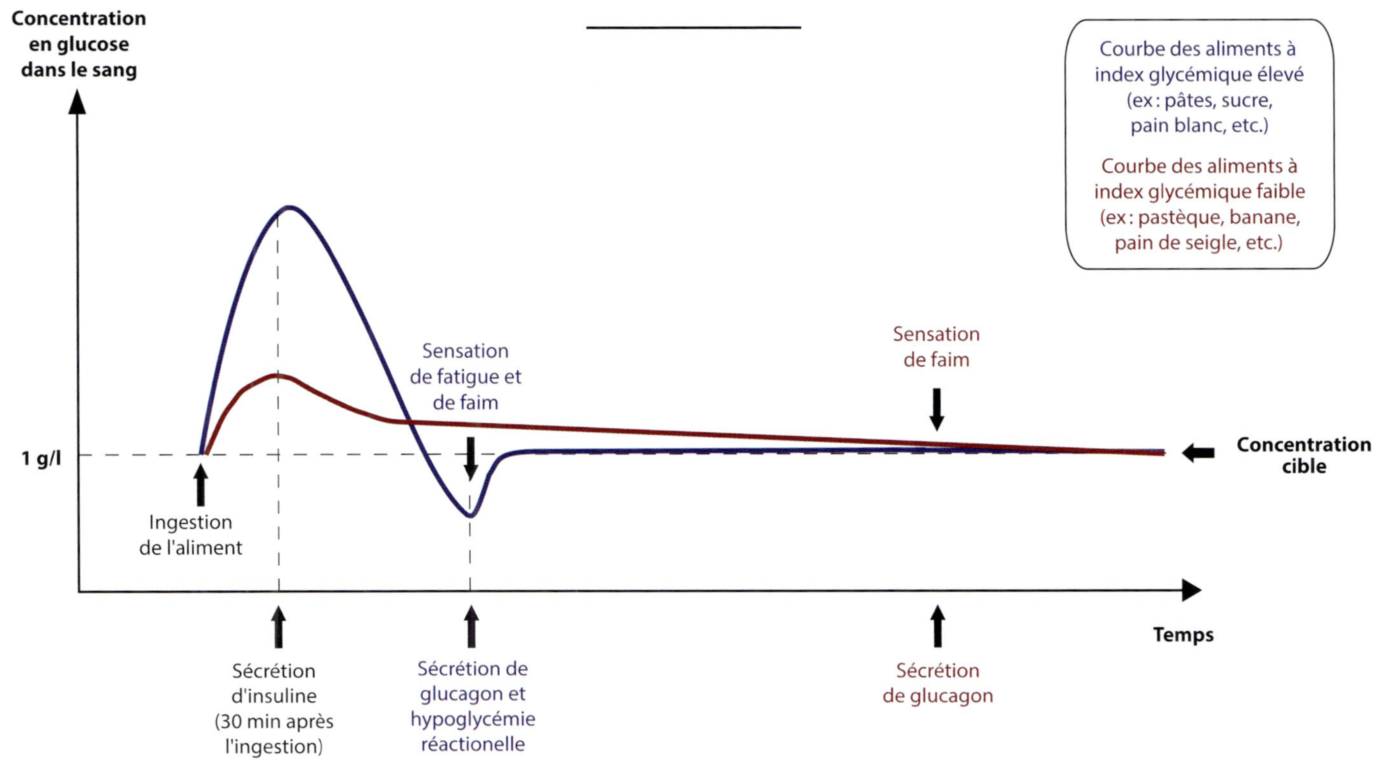

Et c'est là que les choses se complexifient car un même aliment peut voir son IG varier selon sa cuisson, sa préparation, les autres aliments associés, etc.

Si l'index glycémique est bas, la glycémie sera progressive (courbe rouge) : les cellules vont alors stocker le sucre sous forme de glycogène. En revanche, si l'index glycémique est élevé (courbe bleue), les cellules vont transformer le sucre en gras (lipides). Un des effets secondaires d'un IG élevé, l'hypoglycémie réactionnelle, se traduit très souvent par une somnolence. On l'a probablement tous expérimenté après un repas trop copieux. Ainsi, l'hypoglycémie réactionnelle est à considérer fortement dans la pratique du trail en endurance. Plus l'IG d'un aliment sera élevé, plus l'hypoglycémie réactionnelle sera importante.

Au cours d'un effort endurant, pour parler de performance sportive, il faudra maintenir une glycémie constante et limiter ainsi les effets secondaires. On va donc privilégier le grignotage des fruits et quelques amandes, plutôt qu'une pâte à tartiner sur du pain blanc...

Ainsi :
- on maintiendra plus durablement la satiété,
- on évitera la somnolence,
- on apportera l'énergie nécessaire de manière progressive et continue plutôt que de la stocker sous forme de graisses.

L'index glycémique d'un aliment donne alors un ordre d'idée sur sa qualité d'absorption par l'organisme.

ALIMENTS	INDICE GLYCÉMIQUE BAS
Abricot	35
Amande	15
Asperge	15
Avocat	10
Cacahuète	15
Carotte	20
Charcuterie	0
Chocolat noir (85 %)	20
Citron	20
Crème fraîche	0
Farine de soja	25
Fromage	0
Graines de lin	35
Haricot vert	30
Huile	0
Lait d'amande	30
Œuf	0
Poisson et fruits de mer	0
Pomme	35
Quinoa	35
Riz sauvage	35
Tofu	15
Viande	0

ALIMENTS	INDICE GLYCÉMIQUE MODÉRÉ
Ananas	50
Banane	45
Blé	45
Boulgour	50
Canneberge	45
Cidre brut	40
Farine de sarrasin	50
Figue	50
Kiwi	50
Lait de coco	40
Mangue	50
Orange	45
Pain au levain	40
Patate douce	50
Pâtes	40
Raisin	45
Ravioli	40
Riz basmati complet	45
Sarrasin	40
Semoule complète	50
Sorbet sans sucre	40
Sushi	50

ALIMENTS	INDICE GLYCÉMIQUE ÉLEVÉ
Avoine	60
Barre chocolatée	70
Betterave	65
Bière	70
Céréales raffinées et sucrées	70
Chips	60
Courge	65
Farine de blé	60
Farine de maïs	70
Gnocchi	70
Ketchup	55
Melon	65
Miel	60
Moutarde	55
Pain au chocolat	65
Pain blanc	70
Pain complet	65
Pizza	55
Raisins secs	65
Soda	60
Sucre blanc	70
Sucre roux	70

ALIMENTS	INDICE GLYCÉMIQUE TRÈS ÉLEVÉ
Céleri-rave	85
Farine blanche	85
Farine de riz	95
Flocons de maïs	85
Frites	95
Gâteau de riz	85
Gaufre au sucre	75
Lait de riz	85
Maltodextrine	95
Navet	85
Pain de mie	75
Panais	85
Pastèque	75
Pommes de terre	90
Potiron	75
Riz précuit	75
Riz au lait	85
Sirop de glucose	100
Sirop de maïs	115

B. QU'EST-CE QU'UNE CALORIE ?

Dans le chapitre précédent, nous abordons l'énergie sous le nom « d'ATP », dans un contexte biochimique. En nutrition, on pensera plutôt en termes de « calories ».

Selon sa définition, la calorie est la quantité de chaleur nécessaire pour élever d'un degré centigrade la température d'un gramme d'eau. On parle donc bien purement et simplement d'énergie ou encore de joules. Cependant, il faut distinguer la définition physique de l'unité de mesure de la calorie, de son application physiologique dans le domaine nutritionnel. En effet, le corps ne « brûle » pas la calorie, il la métabolise. Ainsi, chaque calorie est différente.

Par exemple, une calorie de soda n'est pas métabolisée de la même manière qu'une calorie de pomme. De plus, un aliment à faible index glycémique peut être très calorique. Ce sont d'ailleurs ceux-là qui seront privilégiés lors de l'effort.

Vous devez donc faire attention aux aliments à index glycémique trop élevé, autrement dit ceux qui font grossir. C'est un faux dopage pendant l'effort. On sait bien que le sucre est une drogue pour notre cerveau : il procure une sensation de plaisir immédiate via la sécrétion de dopamine, qui fausse malheureusement notre jugement. En plus d'être contre-productif, à plus fortes raisons s'il est raffiné, le sucre en excès peut se révéler nocif pour notre organisme : obésité, maladies cardio-vasculaires, cancers, etc.

Au chapitre précédent, je précise qu'il vaut mieux avoir quelques réserves de graisses pour les efforts de longue durée (filière énergétique n° 3). Et c'est bien vrai avant une course d'endurance, en préparation. Maintenant, je vous dis que les aliments à IG élevés, qui permettent de faire ces réserves, sont mauvais pour la santé : il n'est jamais bon pour la santé de prendre trop de poids mais avoir quelques réserves de graisses est une composante intéressante dans la pratique du trail. Comme pour toute chose, il faut trouver le bon équilibre.

QUELLE EST LA DIFFÉRENCE ENTRE UN PRODUIT ÉNERGISANT ET UN PRODUIT ÉNERGÉTIQUE ?

Pour faire simple et vous éviter des déceptions marketing, « énergisant » ne veut rien dire d'un point de vue des allégations dans la réglementation européenne. C'est une affirmation qui n'a pas de définition santé ou nutritionnelle fondée sur des investigations scientifiques.

En revanche, « énergétique » signifie qu'il y a un effet physiologique prouvé par la médecine. C'est une allégation encadrée réglementairement par nos autorités.

Les tableaux des pages suivantes vous indiquent les proportions de lipides, protéines et glucides que vous trouverez dans vos aliments du quotidien.

Où trouver 30 g de lipides ?

TYPES D'ACIDES GRAS	RÉPARTITION*	SOURCES ALIMENTAIRES	
Saturées (AGS*)	25 %		37 g de beurre (dont 20 g d'AGS) 98 g de crème fraîche (dont 19 g d'AGS) 108 g de fromage (dont 19 g d'AGS) 173 g de charcuterie (dont 12 g d'AGS) 2-3 croissants (dont 14 g d'AGS) 33 ml* d'huile de palme (dont 15 g d'AGS)
Mono insaturés (AGMI*)	60 %		33 ml d'huile d'olive (dont 23 g d'ADMI) 33 ml d'huile de colza (dont 18 g d'AGMI) 33 ml d'huile d'arachide (dont 15 g d'AGMI) 30 g de graisse d'oie (dont 17 g d'AGMI) 56 g d'amandes grillées non salées (dont 10 g d'AGMI) 59 g de cacahuètes grillées non salées (dont 17 g d'AGMI)
Poly insaturés (AGPI*)	15 %	Oméga-3 ALA*	45 g de noix (dont 3 g d'AGPI oméga-3) 82 g de graines de lin (dont 14 g d'AGPI oméga-3) 98 g de graines de chia (17 g d'AGPI oméga-3) 33 ml d'huile de noix (dont 17 g d'AGPI oméga-3) 33 ml d'huile de lin (dont 16 g d'AGPI oméga-3)
		DHA*	123 g de maquereau (dont 3 g de DHA) 248 g de harengs (dont 3 g de DHA) 289 g de sardine (dont 5 g de DHA) 360 g de truite (dont 2 g de DHA) 480 g d'anchois (dont 5 g de DHA) 291 g de saumon (dont 2 g de DHA)
		Oméga-6 AL*	3 ml d'huile de pépins de raisin (dont 20 g d'AGPI oméga-6) 33 ml d'huile de tournesol (dont 16 g d'AGPI oméga-6) 33 ml d'huile de maïs (dont 16 g d'AGPI oméga-6)

Répartition des acides gras recommandée, AGS = acides gras saturés, AGMI = acides gras monosaturés, AGPI = acides gras polyinsaturés, ALA = acide alphalinolénique, DHA = acide docosahexaénoïque, AL = acide linolénique, 33 ml d'huile équivaut à deux cuillères à soupe*

Où trouver 30 g de protéines ?

PROTÉINES ANIMALES	**Viandes**	104 g de blanc de poulet = 100 g de porc cuit = 122 g d'escalope de dinde = 126 g de steak haché
	Poissons	100 g de thon cuit = 120 g de saumon cuit = 130 g de cabillaud cuit
	Œufs	Environ 4 œufs
	Laits et produits laitiers	98 g d'emmental = 110 g de comté = 570 g de fromage blanc = 750 g de yaourt = 900 ml de lait demi-écrémé
PROTÉINES VÉGÉTALES	**Céréales**	261 g de farine de sarrasin = 263 g de farine d'épeautre = 540 g de semoule de couscous cuite = 570 g de blé dur cuit non salé = 660 g de pâtes complètes cuites
	Légumi-neuses	87 g de graines de soja = 283 g de lentilles corail ou vertes cuites = 360 g de pois cassés cuit = 360 g de pois chiches cuit = 300 g de haricots rouges cuits
	Oléagineux	132 g de cacahuètes grillées non salées = 142 g d'amandes avec la peau = 149 g de graines de lin = 226 g de noix sèches

Où trouver 100 g de glucides ?

Féculents	Céréales et produits céréaliers	170 g de blé dur cuit = 192 g de pain blanc = 245 g de pain complet = 293 g de gnocchis cuits = 301 g de semoule à couscous cuite = 307 g de riz complet cuit = 312 g de pâtes fraîches aux œufs = 400 g de pâtes blanches cuites = 427 g de pâtes complètes cuites
	Légumineuses	565 g de pois chiches cuits = 613 g de pois cassés cuits = 630 de haricots rouges
	Tubercules	560 g de pommes de terre = 820 g de patates douces cuites
Fruits et légumes		6 pommes = 3 bananes et demie = 12 clémentines = 2 mangues = 14 figues crues = 7 figues sèches = 10 abricots secs 1,5 kg de carottes crues = 3,8 kg de carottes cuites = 4,4 kg de tomates crues = 4 kg de haricots verts cuits
Laits et produits laitiers		1,9 l de lait demi-écrémé = 746 g de fromage blanc = 1,3 kg de yaourt
Autres		196 g de brioche = 102 g de sucre roux = 123 g de miel = 128 g de sirop d'agave = 190 g de chocolat au lait

C. MINÉRAUX, VITAMINES ET ANTIOXYDANTS : COMMENT S'Y RETROUVER ?

Le traileur a des besoins accrus en minéraux (Calcium, Sodium, Fer, Magnésium, Sélénium, Zinc, Cuivre, etc.) et en vitamines (B1, B2, B3, B6, C, E, etc.).
La carence d'un de ces éléments diminuera la performance sportive ainsi que le bien-être. Sans entrer dans le détail de leurs rôles et origines alimentaires, retenez simplement la pyramide alimentaire du chapitre 2 : une alimentation variée, équilibrée et parfois supplémentée couvrira vos besoins.

De même, on entend très souvent parler des antioxydants qui sont devenus une mode en Europe. Un antioxydant, comme son nom l'indique, bloque l'oxydation.

L'oxygène est ce qui nous permet de vivre. Malheureusement, c'est également l'oxygène qui nous détruit. En effet, lors du processus de respiration une infime partie de l'oxygène absorbé va réagir pour former des radicaux libres.

Or, un traileur a une consommation accrue d'oxygène, et produira donc plus de radicaux libres.

En excès, ils agressent notre organisme et en altèrent son fonctionnement. Ils accentuent en réalité notre vieillissement, provoquant ainsi des maladies telles que les cancers. Notre organisme produit naturellement des enzymes antioxydantes pour lutter contre ces agressions. Une autre manière de lutter contre ces radicaux libres est donc d'assimiler par l'alimentation des antioxydants : vitamine C, E, polyphénols, etc. L'alimentation, encore une fois, est fondamentale !

Les minéraux

Calcium	On trouve le calcium dans les légumes crucifères (brocoli, chou, chou-fleur, cresson, radis, épinard, navet, bok choy), les produits laitiers, l'eau minérale, les amandes, les sardines.
Cuivre	De façon générale, les sources de cuivre alimentaire sont les abats, les fruits de mer, les noix et les graines. Il y en a également dans les céréales à base de son de blé, les légumineuses ainsi que dans les produits céréaliers complets.
Fer	Le boudin noir, les abats, la viande, la volaille, les poissons et crustacés sont riches en fer héminique. Ce fer est absorbé par l'organisme à hauteur de 20 à 25 %. Les légumes (pissenlit, cresson, épinard) apportent du fer non héminique absorbé entre 1 et 5 % par l'organisme. Le fer des légumes est mieux assimilé quand ils sont mangés avec des aliments contenant du fer héminique. Viandes ou poissons accompagnés de salades par exemple. Le citron, l'orange et le pamplemousse contiennent de la vitamine C. Cette vitamine, consommée au cours des repas, aide à l'absorption du fer non héminique. La spiruline est une micro-algue qui contient 15 mg de fer pour 10 g. Elle se présente sous différentes formes: comprimés, granules et paillettes. N'hésitez pas à saupoudrer vos salades, vos soupes de spiruline. On la trouve dans les magasins diététiques.
Magnésium	On trouve du magnésium dans le cacao, les légumes verts, les céréales complètes, les oléagineux (noix, noisettes) et certaines eaux minérales.
Potassium	On trouve du potassium dans les bananes, les pommes de terre et les patates douces, le chocolat en poudre non sucré, le concentré et la purée de tomates, les légumineuses, les figues, les dattes, les raisins et les abricots secs, les fèves de soja, le persil, le chocolat noir à 70 % de cacao.
Sélénium	Les aliments les plus riches en sélénium sont les poissons et les fruits de mer. Ensuite, viennent les viandes, les abats, les œufs, les légumes secs, les céréaliers complets et les fruits à coque.
Sodium	Du fait de sa présence en grande quantité dans différents aliments (charcuterie, fromage, plats cuisinés), les apports en sodium sous forme de sel (chlorure de sodium) sont en général largement supérieurs à nos besoins dans la vie de tous les jours. Durant l'effort, par contre, son rôle majeur dans la rétention d'eau et donc dans le maintien de l'hydratation impose de veiller à adapter les apports.
Zinc	Les aliments les plus riches en zinc sont les fruits de mer (huîtres), fromage, viande (bœuf), céréales, pain complet, œufs et légumes.

Les vitamines

Vitamine B1	On trouve la vitamine B1 dans les viandes, les volailles, les poissons, les légumes secs, les flocons d'avoine, le lait, la levure de bière, les fruits et légumes et les céréales complètes (riz, pains complets...).
Vitamine B2	La vitamine B2 est plus abondante dans les aliments d'origine animale : produits laitiers, abats, œufs, poissons et viandes. Parmi les végétaux, les légumes de couleur verte en sont relativement riches. Beaucoup de céréales de petit-déjeuner en sont enrichies. La levure de bière peut compléter les apports.
Vitamine B3	On trouve la vitamine B3 dans les produits d'origine animale ; foie, viande blanche, poisson, lait, œuf, ainsi que dans d'autres produits tels que la levure de bière, les cacahuètes, les graines de sésame et de tournesol, le son et le germe de blé, l'avocat, les champignons, les petits pois et les céréales complètes.
Vitamine B5	La vitamine B5 se retrouve dans une grande variété d'aliments comme la gelée royale, le germe de blé, le pain complet, les céréales, les abats, la viande, la levure de bière et les légumes verts.
Vitamine B6	Presque tous les aliments contiennent de la vitamine B6, mais les poissons gras (maquereau, saumon, thon), les abats (foies), les volailles, les viandes et les pommes de terre en sont particulièrement riches.
Vitamine B9	Les aliments les plus riches en vitamine B9 sont les foies d'animaux, les fruits secs à coque (noisette, noix, amande...), les légumes de couleur verte (épinards, salades, oseille...), certains fromages, la châtaigne, le melon et les œufs. Les autres fruits et légumes en apportent en moindre proportion. Beaucoup de céréales de petit-déjeuner sont enrichies en vitamines du groupe B, dont la B9. La levure de bière peut compléter les apports
Vitamine B12	La vitamine B12 se retrouve uniquement dans les aliments d'origine animale : les viandes et abats, les crustacés et mollusques, les poissons (notamment les poissons gras type maquereau, sardine, truite), les œufs (mais en moindre quantité) et les produits laitiers (yaourt, fromages et laits de vache, chèvre, brebis...).

Les vitamines

Vitamine C	La vitamine C se retrouve dans les fruits et les légumes, notamment : goyave, persil, navet, kiwi, agrumes, crucifères, poivron, fraise, cassis, orange.
Vitamine A	Dans l'alimentation, divers aliments sont sources de vitamines A (rétinol ou carotènes). Les carotènes se trouvent majoritairement dans les fruits et légumes orangés ainsi que les légumes verts feuillus, tandis que le rétinol se trouve majoritairement dans les abats.
Vitamine D	Le corps synthétise naturellement de la vitamine D lorsqu'il est exposé au soleil. Il sera donc intéressant de compenser le déficit d'exposition solaire en hiver par une alimentation riche en vitamine D. Dans l'alimentation, outre le foie de morue, les aliments les plus riches en vitamine D sont les poissons gras : hareng, maquereau, sardine, saumon. Viennent ensuite les abats (foies), les œufs, les fromages et le beurre.
Vitamine E	On trouve de la vitamine E dans de nombreux aliments, mais on en trouve en quantité particulièrement importante dans les aliments gras : huiles végétales (colza, olive, tournesol), les fruits à coque (noix, noisette), les graines (tournesol) et les poissons gras, mais aussi le fenouil, l'avocat, la pêche et la tomate.
Vitamine K	Le corps synthétise naturellement une bonne partie de la vitamine K dont il a besoin. Elle est présente également dans le poisson et les légumes verts.

D. QU'EST-CE QUE L'INDICE PRAL (IP) ?

L'indice Pral est tout simplement l'équilibre acido-basique de notre organisme. Il est directement lié à notre alimentation. En effet, on pourra distinguer les aliments alcalinisant (basiques) et les aliments acidifiants (acides).

PRAL signifie Potential Renal Acid (charge rénale acide potentielle). Cet indice est très utile pour quantifier l'influence de 100 g d'un aliment sur l'équilibre acido-basique.

Ainsi on retiendra :

- IP positif = aliment acidifiant
- IP négatif = aliment alcalinisant
- IP nul = aliment neutre

L'idée étant d'équilibrer ces aliments au quotidien, à la fois en quantité et en qualité PRAL.

Ci-dessous, un tableau donnant l'indice PRAL de 50 aliments courants tiré du *Guide de l'équilibre acide-base* de Florence Piquet.

ALIMENT	PRAL (MEQ/ 100 G)
Cannelle	-23,76
Clou de girofle	-31,59
Cumin	-31,98
Curcuma	-46,67
Poivre noir	-25,40
Sel	-0,51
Beurre	0,44
Camembert	13,05
Comté	23,99

ALIMENT	PRAL (MEQ/ 100 G)
Crème fraîche	0,53
Lait	0,14
Parmesan	27,79
Œufs	7,47
Yaourt nature	0,17
Agneau	13,50
Bœuf	13,04
Hareng	12,39
Jambon	12,22

ALIMENT	PRAL (MEQ/ 100 G)
Poulet	14,63
Sardine	12,60
Saucisse	8,88
Quinoa	-0,19
Farine de blé	4,36
Pâtes	2,78
Riz blanc cuit	1,55
Aubergine	-1,99
Courgette	-4,26
Épinards crus	-11,89
Pomme de terre	-5,19
Tomate	-3,71
Haricots blancs	-2,68
Lentilles	2,15
Pois chiches	2,56

ALIMENT	PRAL (MEQ/ 100 G)
Abricot	-4,33
Abricot sec	-21,66
Fraise	-2,54
Melon	-5,07
Nectarine	-3,05
Orange	-3,03
Poire	-1,70
Pomme	-1,52
Pruneau	-18,86
Raisin rouge	-6,09
Raisin sec	-14,29
Amande	4,13
Cacahuète	5,75
Noisette	-3,12
Noix	5,62

Les traileurs de haut niveau sont confrontés à une acidose métabolique, souvent à l'origine de dysfonctionnements du système. Crampes et diarrhées (déséquilibres de la flore intestinale) en seraient les conséquences les plus fréquentes.

PARTIE 4

AVANT, PENDANT, APRÈS L'EFFORT: SE PRÉPARER POUR L'AVENTURE

Préparer son sac à dos est une véritable science : c'est déjà entrer dans le trail avec une certaine méthode. Rien ne doit être fait au hasard : chaque objet compte et tous se rangent toujours dans le même ordre. Poids, écrasement, volume, conservation des aliments, etc., sont autant d'éléments à prendre en compte pour bien faire son sac.

CHAPITRE 1

AVANT L'EFFORT, RESTEZ MÉTHODIQUE ET ORGANISÉ

A. LA PRÉPARATION DU SAC À DOS

L'optimisation du poids/volume est une des principales bêtes noires d'un ultra traileur qui souhaite progresser en autonomie. L'objectif est donc de transporter des aliments très caloriques et dont la masse est la plus faible possible. On va alors privilégier dans la mesure du raisonnable des aliments déshydratés et/ou lyophilisés. En effet, lorsque l'on part sur plusieurs jours dans la nature, par exemple le GR20, il est important de s'organiser de manière à croiser les différents points de ravitaillement en eau disponibles (ou à défaut, de la neige) de sorte que l'on puisse réhydrater sa nourriture lyophilisée.

Les aliments déshydratés, contrairement aux idées reçues, sont à portée de main : riz, pâtes, lentilles, fruits secs, etc. Un autre avantage majeur que celui du poids/volume, c'est la conservation. Plus la quantité d'eau contenue dans les aliments est faible, plus longue sera la conservation.

Quand on parle d'optimisation poids/volume et de conservation, il faut aussi penser à l'emballage. La fonction de ce dernier est double : conservation mais aussi protection des aliments. N'hésitez donc pas à reconditionner votre nourriture, par exemple dans des sachets fraîcheurs refermables en plastique alimentaire.

L'organisation logistique est une dimension essentielle de la pratique du trail.

B. COMMENCER SON RÉGIME ALIMENTAIRE

Le régime alimentaire avant l'effort peut varier d'une personne à l'autre et en fonction de l'épreuve préparée. Il s'anticipe en général plusieurs jours à l'avance jusqu'à la veille du départ. Je ne m'aventurerai pas à l'élaboration d'une hiérarchie entre ces différents régimes, mais je vais plutôt vous parler du Régime Dissocié Scandinave et d'optimisation pour certaines fenêtres métaboliques.

C. LE RÉGIME DISSOCIÉ SCANDINAVE, ALLÉGÉ

« Allégé », car de manière stricte, il peut être source d'inconforts gastriques et d'un niveau élevé de fatigue : ce qui n'est pas concevable avant une course de trail ! Ainsi, plutôt que de faire le régime sur 6 jours, je propose de le pratiquer sur 4 jours (2 x 2 jours).

Son principe consiste à maximiser les réserves énergétiques en période pré-compétitive d'endurance. Bergström et Hultman en sont à l'origine depuis plus de 50 ans :

- **Phase 1, J-4 à J-3 :** augmentez progressivement le volume d'entraînement et associez à cette période un régime sans glucides. Mangez beaucoup de fruits rouges, des agrumes, des légumes verts et des protéines avec les œufs, le tofu, des huiles végétales, de la viande, du poisson, etc. Il est important de manger à volonté, avec des aliments qui contiennent des fibres (absorption des nutriments et digestion favorisée), à votre faim et même grignotez entre les repas si nécessaire. Cette phase à pour but d'appauvrir les réserves musculaires de glycogène.

- **Phase 2, J-2 à J-1 :** à l'inverse, diminuez considérablement l'entraînement et mangez des aliments hyper-glucidiques (riz, pâtes, boissons sucrées, etc.). On limitera en parallèle les lipides et les protéines. Il est important de boire de l'eau en bonne quantité, tout au long de la journée, pour favoriser les fonctions de l'organisme. Cette phase a pour but d'enrichir les réserves musculaires et hépatiques de glycogène.

Entre les phases 1 et 2, il existe une fenêtre métabolique, qui permet de surcompenser les réserves de glycogène.

2018
montcalm

Témoignage de...
Sébastien Kaikinger, 28 ans
Ultra traileur

28 ans, 1,70 m, 58 kg, autant dire une crevette.

« Il y a quatre ans, je suis tombé accro à ce qu'on appelle l'ultra endurance. Et ça n'a pourtant pas toujours été le cas. Montagnard dans l'âme, j'ai toujours pratiqué tout ce qui touche à la montagne, au ski, à l'alpinisme, à la rando sauf... la course à pied. En effet, handicapé par mes 85 kilos, je me suis levé un matin en décidant de prendre les choses en main. Je me lance donc pour faire une « mise au vert ». Sans dénigrer les régimes Weight Watcher & Cie, je pense que la nature est capable de m'aider en m'offrant un peu mieux que des gélules sorties de laboratoire. Je décide alors de concentrer mon alimentation sur des produits sains ; légumes, poissons, viandes blanches, fruits, céréales en délaissant, c'est vrai, les féculents. Je fonds donc à vitesse grand V.

Combiné à du sport quotidien à la salle de sport et mes débuts en course à pied, j'arrive finalement à perdre 20 kilos. J'ai fait mes premiers vrais entraînements sur tapis de course et depuis paradoxalement, moi montagnard dans l'âme, je ne pourrais aujourd'hui plus me passer de celui-ci.

Courir me plaît de plus en plus, j'attaque donc par mon premier ultra : 75 kilomètres ! J'aime les défis. Et ce jour-là, j'aurais sûrement mieux fait de rester couché. Il faut l'avouer, connaître une telle souffrance ne devrait pas être permis. Mais franchir la ligne avec les larmes aux yeux, c'était ma victoire. Deux jours plus tard, les jambes encore bien fragiles, l'estomac retourné, sans trop de force, je me remémore cette course et me dis que c'est quand même « vachement cool » de combiner l'ultra endurance avec les montagnes. Me voilà amoureux. J'ai tout de même une idée en tête : ne plus jamais souffrir comme ce fut le cas pour ce premier ultra.

Je m'intéresse donc à des plans d'entraînements, commence à me renseigner sur ce que font les meilleurs de la discipline et je m'aperçois très vite que la nutrition est primordiale et que c'est avec elle, main dans la main, que nous allions arriver à performer.

Me voilà donc dans cette phase d'apprentissage du corps humain face au sport d'ultra endurance. Pour ce faire, j'achète des guides nutritionnels pour les sports d'ultra endurance. La bible en main, je m'instruis, je passe les étapes les unes après les autres, de la nutrition à l'entraînement. J'applique ce que je sais désormais faire en course, la magie opère, l'alimentation me fait progresser rapidement, je suis même très surpris de mes performances, moi qui n'avais jamais enfilé une paire de baskets auparavant, me voilà à 57 kilos, en pleine forme, avalant des trails d'une vingtaine d'heures. Irréaliste pour moi. Bilan : notre corps humain est véritablement extraordinaire.

Alors, comment je m'alimente ? Quel est donc le secret ? Mon secret je vais vous le dévoiler, mais (car il y a toujours un « mais ») c'est que j'ai aussi appris une autre chose durant ces trois dernières années : nous sommes tous différents face à l'ultra endurance. Notre corps et notre tête ne réagiront jamais de la même façon face aux boissons ou aux aliments qu'on lui donne.

Pour ma part, deux choses essentielles font qu'aujourd'hui j'arrive à maintenir une bonne cadence d'ultra, un poids stable et (croisons les doigts) un corps qui slalome entre les blessures :

- *L'alimentation saine au quotidien avec une bonne hydratation, ça, c'est mon secret !*
- *L'alimentation et l'hydratation avant course, en course et après course.*

Je veux vraiment insister sur le fait que ce qui marche pour moi ne fonctionnera peut-être jamais sur les autres.

Comme je vous l'ai dit, avec les féculents, nous ne sommes pas trop copains (excepté le pain). On me demande souvent comment je fais pour m'entraîner autant et ne jamais avoir de carences... Ma réponse est que l'énergie, je la puise ailleurs dans mon alimentation. Mon quotidien se résume donc à un bon petit-déjeuner, verre de lait, jus d'orange pressé, pain aux céréales, confiture, yaourt, fruit.

Les midis, j'alterne un jour sur deux du poisson et de la viande blanche avec uniquement des légumes, des galettes de soja, un petit yaourt et un fruit.

Le soir, une soupe en hiver, différentes tartes (poireaux-jambon / thon-tomates...) accompagnées de salade verte ou bien des salades composées suivant les saisons. Fromage et barre de chocolat, car j'en suis addict et même pour le sport, je ne me priverai jamais des plaisirs de la vie.

Au cours de l'année, mon alimentation est établie de cette manière car j'aime tout ce que je mange. Et mon deuxième secret est sûrement celui-ci : manger ce que j'aime sans faire d'excès, l'assiduité au sport fait le reste.

Pour l'alimentation avant course, je débute mon programme une semaine avant le jour J après un dernier gros entraînement. J'essaye même de faire en sorte de bien m'épuiser, ensuite je fais le plein de glucides avec un régime hyper glucidique car il faut absolument préserver et renforcer l'essence du moteur : le fameux glycogène.

Voilà donc le retour de ces fameux féculents, pâtes et riz principalement pour moi, en quantité correcte. Étant donné que j'en mange très peu dans l'année, je ne veux pas que mon corps rejette le peu que je lui donne. J'élimine tout ce qui est fromage, j'évite le lait, le chocolat et autres mauvaises graisses, pendant une semaine. Je privilégie donc les poissons maigres, les fruits de mer, une cuisine vapeur même si tout le reste de l'année, j'essaye de trouver un équilibre dans la cuisson à l'huile entre oméga 3 et 6. J'accompagne cela d'une solution soluble en maltodexrine pour m'aider à augmenter mon taux de glycogène.

Pour le dernier repas avant la course, c'est pâtes au ketchup et si c'est le matin, je ne change pas mes habitudes et opte pour mon traditionnel petit-déjeuner. Je supprime juste les laitages. En attendant le repas suivant, je prends une boisson au fructose, qui me permet de moins stresser et donc préserver toutes mes capacités.

Pendant la course, l'hydratation en boissons riches en polymères de glucose sera essentielle pour moi. Pour le reste, j'alterne avec des barres énergétiques salées et sucrées (le principal de mon alimentation à vrai dire), ensuite je m'autorise (après de longs kilomètres) du pain, des compotes, des fruits, du chocolat. J'essaye de changer régulièrement les parfums ou/et les textures des aliments pour éviter toute saturation au niveau du goût.

Pour l'alimentation et l'hydratation après la course, je reprends un rythme normal assez rapidement sauf les deux premiers jours où je fais en sorte de ne pas manger trop gras, de manger des féculents et de bien me réhydrater.

Voilà comment je procède ! L'essentiel est que j'arrive avec toujours le même plaisir à franchir la ligne de mes ultras et à partager ma passion avec les copains. Je prends beaucoup de plaisir à m'entraîner au quotidien et, bien sûr, à manger. J'essayerais toujours de faire quelques petits réglages car je souhaite encore progresser et pour cela, j'écoute les conseils, j'apprends de mes erreurs. Chacun se construit à sa manière.

D. LE DERNIER REPAS AVANT L'ÉPREUVE

Évitez de vous « gaver » au repas de la veille de l'épreuve, ou environ 5 heures avant celle-ci. Le principe est de sortir de table sans faim et avec un certain confort digestif. Un plat de spaghettis al dente avec une sauce tomate maison et un peu de maïs frais est un bon exemple de repas. Les pâtes pas trop cuites apportent une charge glucidique durable, tandis que les légumes faciliteront la digestion et permettront d'aller aux toilettes avant le départ de l'épreuve.

La collation 1h30 avant l'effort

1h30 avant le départ, vous pouvez manger une banane et ce que j'appelle le « gâteau magique » (la recette vous est proposée à la fin de ce guide). Le principe est d'apporter une collation digeste qui sera assimilée progressivement par l'organisme.

N'oubliez pas de vous hydrater

Avec cette collation et jusqu'au début de l'épreuve, il est nécessaire de bien s'hydrater avec environ 500 ml d'eau ou de thé, légèrement sucrés au miel par exemple. Évitez les jus de fruits ou le café qui peuvent apporter de l'acidité et causer des troubles digestifs.

QUELQUES ALIMENTS DÉCONSEILLÉS
2 JOURS AVANT L'EFFORT

- Produits laitiers
- Charcuteries et viandes grasses
- Aliments frits
- Produits céréaliers contenant du gluten
- Alcools
- Jus de fruits

En effet, ils peuvent provoquer des troubles digestifs et perturber la bonne assimilation des nutriments.

OBSERVATIONS DU DR BENOÎT

« Tous ces aliments participent à « encrasser » votre circulation sanguine et lymphatique. Durant l'effort, l'ensemble de ce réseau aura besoin d'être bien libre pour laisser diffuser l'oxygène jusque dans vos muscles ! Quant à l'alcool et aux jus de fruits, ils ne seront procurateurs que de fatigue ! »

Témoignage de…
Florence Jacob, 30 ans
Traileuse

« Alexandre m'a demandé de témoigner sur mes « trucs » en matière de nutrition pour le sport… Je vais parler uniquement de la partie « trail /course d'orientation » car sur d'autres sports, cela peut être différent.

Après plusieurs années à avoir expérimenté sur le sujet, je peux affirmer avoir trouvé une « recette » qui me convient.

Principe n° 1 : priorité à l'hydratation/réhydratation. Cela veut dire que la veille, le jour même, et le lendemain, je fais toujours en sorte de faire des efforts supplémentaires pour boire plus d'eau, et éviter l'alcool évidemment. Au quotidien, mon petit-déjeuner est peu calorique et consiste surtout à avaler un grand volume de liquide. Pas de café, car je m'entraîne souvent le matin, et courir avec un café dans l'estomac ne me réussit pas, à cause de l'acidité. Ma formule préférée est donc un très grand bol (environ 400 ml) de Ricoré très dilué avec une touche de sucre et de lait. Les jours de course en hiver, j'ai toujours, en plus de ma gourde, un thermos de 1 l rempli avec une infusion : c'est ce que je bois après la course pour avoir mon « quota réhydratation ». Si la course dépasse 1 h 45-2 heures, je mange. Dans ce cas, j'utilise un en-cas à base de fruits secs.

Principe n° 2 : ne jamais courir sur la digestion… La veille : essayer de manger sainement et normalement, éviter de dîner trop tard pour digérer avant la nuit. Je n'ai jamais trouvé un intérêt à avaler un gros plat de pâtes la veille, à part pour mal dormir… Le jour J : 2 h 30 avant la course, j'adapte mon petit-déjeuner selon le type d'effort. Pour les courses longues, je complète mon bol de Ricoré avec une portion de « bouillie de riz » faite à base de beaucoup d'eau, du riz et une lichette de lait et de sucre. C'est mon apport en sucres lents, facile et rapide à digérer et qui a le mérite d'améliorer le transit. Pour le repas d'après course : léger, toujours dans l'optique de réhydrater et de récupérer vitamines et minéraux. La banane est très bien après les efforts longs, par exemple. Jamais avant la course car elle est peu digeste pour moi. »

LACTOSE, GLUTEN "C'EST LA DOSE QUI FAIT LE POISON" (PARACELSE, XVIe SIÈCLE)

Ces deux mots ont actuellement mauvaise presse... mais pourquoi ?

Le lactose : trouvé dans les produits laitiers, il s'agit d'un sucre composé par l'assemblage de deux autres sucres, le glucose et le galactose. Ces deux autres sucres, une fois séparés, sont facilement absorbés par notre organisme. Mais, pour les séparer, il faut une enzyme appelée lactase. Or, plus on vieillit, moins notre organisme produit de lactase. Et donc, on digère de moins en moins facilement le lactose qui va alors fermenter dans le colon, provoquant ballonnements, diarrhées, douleurs abdominales, etc.

On parle souvent d'intolérance au lactose. À ne pas confondre avec l'allergie au lait qui viendrait de protéines, et non d'un sucre. L'allergie est beaucoup plus rare.

Le gluten : c'est une protéine qui peut aussi provoquer une sensibilité voire une intolérance par une réaction immunitaire dans nos intestins. Contenu à l'origine dans le blé, le gluten est absolument présent partout dans l'industrie agroalimentaire. Comme pour toutes choses, à haute dose certains aliments deviennent nocifs.

Les deux intolérances aux gluten et lactose peuvent être liées selon les individus.

CHAPITRE 2

PENDANT L'EFFORT, LA CHRONONUTRITION

Il est important de maintenir un taux de glucose constant dans le sang. Cela signifie qu'il faut s'alimenter régulièrement. Malheureusement, en course de trail, trop manger peut entraîner un inconfort digestif avec nausées voire vomissements. En effet, lors d'un effort physique, l'organisme s'adapte pour redistribuer le sang vers la périphérie. Le débit sanguin se modifie et augmente au niveau des muscles des bras et des jambes, tout en diminuant au niveau des organes internes. Le système digestif est ainsi au repos, ce qui explique l'inconfort que l'on peut avoir en ingérant de trop grosses quantités d'aliments (ou d'eau) pendant et après un effort.

Témoignage de…
Pierre-Maxime Giora, 29 ans
Traileur

« En termes de nutrition, nous avons eu la chance d'avoir un grand cousin qui avait pratiqué le cyclisme ainsi que la course automobile à haut niveau, et qui continuait après sa retraite à pratiquer moult activités physiques. Il s'y connaissait bien en nutrition et nous partageait volontiers sa connaissance. Il n'était pas rare que lorsqu'on le suivait en montagne et qu'on appliquait ses conseils, on se sentait comme des cabris, inarrêtables, infatigables et rares étaient les randonneurs qui nous dépassaient !

Ses conseils étaient pourtant simples et basés sur du bon sens :

- La veille d'une course, éviter les produits laitiers et la viande et favoriser les sucres lents (pâtes, riz) accompagnés de tomates et maïs. Ces derniers facilitent le transit et permettent d'aller à la selle « sur commande » le lendemain matin. Ainsi, on stocke de l'énergie avec les sucres lents tout en facilitant le passage aux toilettes (angoissant pour certains) pré-course.

- Pendant la course, s'hydrater régulièrement avec une alternance (si possible) d'eau d'un côté et de boisson riche en glucide/sels minéraux de l'autre pour maintenir un haut niveau d'hydratation tout en apportant au corps ce qu'il faut de sucres rapides et de sels (que l'on perd en transpirant). Ne pas hésiter à tester les boissons plusieurs semaines avant la course pour s'y habituer. En effet, lors d'efforts prolongés (à partir de 3-4 heures), si la seule boisson qu'il nous reste est une boisson qui finalement nous écœure, le reste de la course s'annonce difficile…

- Sur des efforts longs et modérés, ne pas hésiter à prendre des petits morceaux de gâteaux énergisants (faits maison ou non) de manière à maintenir un niveau d'énergie élevé et ne pas trop puiser dans les ressources internes du corps.

- Enfin, si on sent une hypoglycémie arriver, toujours avoir sur soi un gel énergétique, mais à n'utiliser qu'en cas de besoin. »

A. ALTERNEZ TOUTES LES 20 MINUTES DES ALIMENTS SOLIDES ET LIQUIDES, SUCRÉS ET SALÉS

Certains coureurs ne mangent que « liquide », grâce à des gels par exemple. Pour l'avoir expérimenté, c'est tout à fait faisable mais absolument pas durable. Je m'adresse ici à des pratiquants qui ont un mode de vie sain et se questionnent sur leur alimentation. Certes, les gels sont efficaces et peuvent dépanner. Mais dans le cas d'une pratique régulière, nous devons rester conscients qu'il s'agit de sirops chimiques, loin d'être naturels pour notre système digestif qui s'est habitué depuis des siècles à une alimentation non transformée. Personnellement, je les remplace par une compote de fruits bio, pratique à utiliser par le format du conditionnement en gourde Doypack.

Alternez 1 aliment solide sucré (ex: pâte de fruit) avec 1 aliment liquide sucré (ex: compote) puis 1 aliment solide salé (ex: barre à la tomate). Varier les plaisirs et les sensations sucré/salé permet notamment d'éviter le phénomène d'écœurement.

Je conseille de grignoter une portion toutes les 20 minutes. L'apport des aliments doit être fractionné et régulier pour ne pas perturber la digestion. La notion de portion est relative à chaque individu sur sa capacité à manger pendant l'activité... Elle se situe en général entre 20 g et 50 g. Il est intéressant d'apporter dans la formulation de ces encas une part de lipides, la sensation de « gras » pouvant favoriser la déglutition. De plus, sans véritablement parler du fameux régime Low Carb (pauvre en glucides), c'est tout de même la filière énergétique n° 3 (celle des graisses dégradées) que nous privilégions en endurance.

B. CASSEZ LA CROÛTE TOUTES LES 3 HEURES

Il faut se le dire entre nous, les barres et les compotes ne constituent pas de vrais repas... Si le périple doit durer plusieurs heures ou jours, réservez-vous un moment pour faire un repas raisonnable toutes les 3 heures Vous pouvez ainsi manger tout ce que vous voulez de consistant dans une quantité maîtrisée. L'important est que ce soit bon, digeste et que cela vous procure du plaisir. Car comme expliqué précédemment, 80 % du résultat de votre performance est lié au mental. Donc, avant tout, « faites plaisir » à votre cerveau !

LA CONSERVATION DES ALIMENTS

Lors d'expéditions sur plusieurs jours, la conservation des aliments peut rapidement devenir une problématique sérieuse. Il existe des pratiques bien rodées telles que le séchage associé au salage et fumage, qui ajoute une fonction bactériostatique au procédé (viandes séchées, poissons séchés, pemmican, fromage, etc.).

L'autonomie alimentaire est tout de même ce qui a permis à l'homme de pérenniser son espèce et de découvrir de nouveaux territoires !

C. ALTERNEZ AU MINIMUM TOUTES LES 8 MINUTES UNE GORGÉE DE BOISSON

Le format 8 minutes est basé sur mes propres sensations lors d'un effort longue durée.

Il vous faudra alors :

- Une gourde n° 1 avec une eau la moins minéralisée possible pour boire au moment du grignotage.
- Une gourde n° 2 avec une boisson isotonique pour boire en dehors des collations. Certains randonneurs utilisent des boissons isotoniques pour l'effort, achetées dans le commerce. N'étant pas un inconditionnel de ces boissons chimiques, certes parfois bien pratiques, je vous propose en fin de ce manuel une recette maison de boisson magique.

Pourquoi deux gourdes ?

Lors d'un effort, la transpiration provoque une perte d'eau plus ou moins importante du corps. Cette perte d'eau est accompagnée de sels minéraux. C'est pourquoi notre transpiration a un goût salé. Il faut donc reconstituer ce stock d'eau et de sels minéraux pour éviter la déshydratation et les crampes.

Cependant, boire exclusivement de l'eau « minéralisée » de la gourde n° 2 peut provoquer des problèmes rénaux et même accélérer la déshydratation, paradoxalement. Il faut donc alterner avec la gourde n° 1.

QU'EST-CE QU'UNE BOISSON ISOTONIQUE ?

C'est une solution dans laquelle se trouvent des ions et des minéraux en même concentration que dans le plasma cellulaire. Les échanges d'oligo-éléments se font alors par osmose, sans effort, avec les cellules du corps. À la différence des boissons hypotoniques (sous-concentrée) ou hypertoniques (sur-concentrée).

Pour un effort d'une heure :

MINUTE	COLLATION
1	1 gorgée de boisson magique
8	1 gorgée de boisson magique
16	1 gorgée de boisson magique
20	1 portion solide sucrée + eau
24	1 gorgée d'eau
32	1 gorgée de boisson magique
40	1 portion liquide sucrée + eau
48	1 gorgée de boisson magique
56	1 gorgée de boisson magique
60	1 portion solide salée + eau

Évidemment, sur une heure de trail, il n'y a pas véritablement d'intérêt à s'alimenter de la sorte. Mais dès que l'effort doit dépasser plusieurs heures, je vous le recommande vivement.

Cela peut paraître contraignant comme programme alimentaire, mais on prend très vite le rythme et cela devient naturel. Manger le bon aliment, en bonne quantité, au bon moment, est ce que l'on appelle la « chrononutrition ». Ainsi, vous récupérerez plus rapidement et vous pourrez enchaîner plusieurs jours d'activités s'il le faut. Il est donc important d'avoir une certaine rigueur et une éducation alimentaire pour pouvoir pratiquer son activité sereinement.

TÉMOIGNAGE DE SAMUEL LUGNIER

« Il m'est arrivé d'interroger mes athlètes avant un entraînement pour leur demander à quand remonte leur dernier repas et leur réponse est souvent édifiante : certains sont à jeun depuis presque 8 heures ! »

Témoignage de...
Lisa Mauger, 27 ans
Ultra traileuse

« J'ai débuté le trail en 2016 et le triathlon en 2017. Au début c'était des sorties courtes et j'ai progressivement allongé les distances. Aujourd'hui, je me consacre intégralement à la longue distance.

Quand j'ai commencé, je ne considérais pas du tout mon alimentation que ce soit avant, pendant ou après l'effort. C'est quand j'ai augmenté la charge des entraînements que je me suis progressivement aperçue de son importance : mon alimentation impactait directement ma capacité à assimiler cette charge et ainsi à progresser. Le simple fait d'utiliser les boissons isotoniques m'a fait passer un palier. J'ai alors pu doubler les entraînements avec deux sorties par jour. Chose que je n'aurais jamais envisagée à faire auparavant. Aujourd'hui, bien s'alimenter est un conseil que je donne à tout le monde. J'étais moi-même sceptique et pourtant la différence est incroyable. Pour une fille, ce n'est pas toujours facile de mettre du sucre dans ses boissons ou de manger pendant un entraînement. Surtout si on n'a pas faim. On se dit que c'est mauvais et que ça fait grossir. Mais si on veut tenir 15 heures de sport par semaine, avec des journées aux entraînements bi quotidiens, c'est nécessaire ! Sinon, on s'épuise. Un entraînement avec un apport calorique adapté, c'est un entraînement où on ne rentrera pas chez soi complètement épuisé, voire en hypo.

UBS
45
HADORN

QUELQUES ASTUCES

1. Réglez l'alarme de votre montre pour qu'elle sonne toutes les 8 minutes.

2. Quand il fait chaud, privilégiez un dosage de boisson hypotonique. Et, inversement, lorsqu'il fait froid, une boisson hypertonique.

3. Attention ! Quand on part en nature, il y a toujours une part d'imprévu : un orage, une entorse à la cheville, etc. La difficulté de votre épreuve peut donc être considérablement augmentée. Par prévention, je recommande d'emporter 20 % de nourriture en plus. Par exemple, si votre épreuve nécessite 10 collations, prenez-en 12.

4. Emportez toujours avec vous une couverture de survie et un sifflet : ça peut être très utile !

5. Les 30 premières minutes de votre course, partez en mode « diesel ». Il s'agit de ne pas s'épuiser inutilement en faisant monter le rythme cardiaque trop vite.

6. Évitez les pauses de plus de 45 secondes pour ne pas laisser le temps à vos muscles de se refroidir. Il est tout à fait possible de s'alimenter en marchant.

7. Le corps humain est thermorégulé à +/- 37 °C. C'est ce qu'on appelle l'homéostasie. Pendant un effort intense, on libère de l'énergie sous forme de chaleur. Ainsi pour baisser sa température, le corps transpire et les poils retiennent cette eau pour faire durer son évaporation. Inversement, quand il fait froid, le corps métabolise beaucoup plus de calories pour se réchauffer et les poils se hérissent alors pour emprisonner l'air à leur contact. La poche d'air ainsi constituée sert d'isolant. Lors d'une épreuve d'endurance, il faut donc éviter d'avoir trop chaud ou trop froid, car l'homéostasie coûte en énergie. Il ne faut pas hésiter à mettre ou à enlever des couches de vêtements pour aider à thermoréguler correctement et ainsi économiser de l'énergie. Les vêtements synthétiques sont à privilégier au coton, qui met du temps à sécher une fois mouillé, et donc refroidirait plus vite l'organisme.

CHAPITRE 3

APRÈS L'EFFORT... LE RÉCONFORT ?

Faites-vous plaisir et pensez à bien vous hydrater ! Pour ma part, après une compétition, je vais souvent manger un burger dans un bon bistro. Cela dit, il serait déraisonnable de sous-estimer l'alimentation après l'effort. Vos muscles souffrent de micros lésions, vos tendons sont enflammés, etc. Il faudra donc non seulement prévenir mais aussi réparer ces dommages !

Les aliments protéinés ne sont pas réservés qu'aux pousseurs de fontes. Les protéines animales ou végétales sont essentielles pour la récupération après l'effort. Une protéine est formée d'un ensemble d'acides aminés (AA). Il en existe deux catégories : les AA non essentiels, que le corps est capable de synthétiser, et les AA essentiels que nous devons absorber via la nourriture. D'où l'importance de varier son alimentation. Par exemple, vous lirez fréquemment « Leucine » dans la liste des composants de la plupart des produits énergétiques du commerce. Cet AA protège, entre autres, les tissus musculaires.

Pour atténuer les phénomènes inflammatoires, la plupart des nutritionnistes et diététiciens du sport encouragent la consommation de lipides. Autrement dit les huiles, en privilégiant celles contenant des acides gras mono-insaturés et polyinsaturés : colza, lin, noix, poissons, etc.

QUELQUES ASTUCES

Les eaux bicarbonatées sodiques trouvées dans le commerce sont très utilisées dans le milieu sportif pour la récupération. Elles contribuent à réduire l'acidose des muscles et à compenser les pertes en minéraux. Souvenez-vous du chapitre 3 sur le fameux indice PRAL. Vous avez peut-être également entendu parler de la fameuse bière après l'effort : c'est en effet une option efficace pour la récupération, en plus de permettre de renforcer votre microbiote intestinal, si celle-ci est brassée artisanalement !

CHAPITRE 4

LE SAC À DOS !

Pour les lecteurs minutieux, il existe sur internet des tables de calculs facilement utilisables pour estimer les besoins caloriques. Prenons l'exemple d'un homme de 30 ans. De nature active, il pèse 70 kg et mesure 1,80 m. Son métabolisme dépenserait alors environ 2 670 kcal/j, selon un calcul proposé en ligne. Ceci correspond au métabolisme de base, c'est-à-dire à sa dépense énergétique quotidienne en dehors de toute activité physique ou intellectuelle. Cet homme doit parcourir 50 km à pieds en 2 jours. Or, on dépense en moyenne 1 kcal/kg/km parcouru, donc il faudrait 3 500 kcal (= 1 kcal x 70 kg x 50 km) supplémentaires. Les aliments à transporter pour subvenir aux besoins de cette randonnée doivent donc couvrir 8 840 kcal au total (= 2 670 kcal x 2 jours + 3 500 kcal). Même raisonnement pour une femme active de 30 ans mesurant 1,65 m et pesant 55 kg. Si son projet est aussi de parcourir 50 km en deux jours, le calcul donnera : 2 028 kcal/jour pour le métabolisme basal x 2 jours + 2 750 kcal pour l'effort = 6 806 kcal au total.

Après cette logique du maintien de la composition corporelle, il faut aussi intégrer trois autres logiques : celle du poids, du volume et de la conservation de la nourriture embarquée. Ensuite, l'appétit et le goût sont des logiques propres à l'expérience de chacun.

REMARQUES

1. L'exemple des calories dépensées sur 50 km n'est valable qu'à pieds. En vélo ou en nageant, le calcul changera.

2. Dans ce même exemple, le calcul est fait avec des « calories ». Or, nous avons vu précédemment que toutes les calories ne se valent pas. Privilégiez donc les aliments peu ou pas transformés par l'industrie.

MON SAC À DOS (AU MINIMUM)

POUR UN RANDO-TRAIL D'ENTRAÎNEMENT (6 H)

Les indispensables à ne pas oublier

Sifflet – Trousse de secours – Couverture de survie – K-way

AVANT

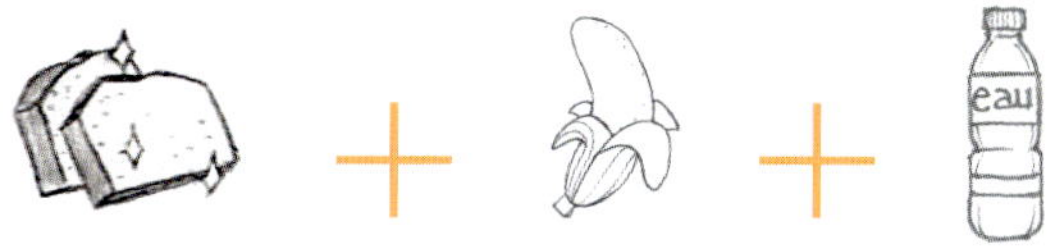

Gâteau magique (200 g) + Une banane + Eau (0,5 l)

PENDANT

Liquide sucré (90 g) + Solide sucré (30 g) + Solide salé (30 g) + Eau (1,2 l) Boisson magique (1,2 l)

Solide sucré en prévision (30 g) + Solide salé en prévision (30 g)

Taboulé (200 g) + Saucisson-fromage (30 g)

APRÈS

Eau (0,5 l minimum) + Un repas réconfortant

PARTIE 5

MENUS ET RECETTES

CHAPITRE 1

LE PLACARD IDÉAL DU SPORTIF

CÉRÉALES ASSIMILÉES ET LÉGUMINEUSES

- Fève
- Riz sauvage, noir ou basmati
- Quinoa
- Sarrasin
- Boulgour
- Amarante
- Légumineuses : lentilles, pois cassés, haricots secs, pois chiches
- Pain aux céréales
- Pain complet
- Pâtes de qualité semi-complètes
- Flocons de céréales : avoine
- Farine : épeautre, riz, sarrasin, blé complet

LES MATIÈRES GRASSES

- Huiles d'arachide, d'olive, colza pour le quotidien et noix, noisette, lin et chanvre ponctuellement.
- Fruits oléagineux non salés : noix, noisettes, coco, châtaignes, noix du brésil, amandes...
- Graines : courge, sésame, lin, tournesol
- Purée d'oléagineux : sésame, amande, cajou...
- Lait végétal : amande, riz, avoine

LES PRODUITS SUCRÉS

- Chocolat noir
- Miel
- Confiture maison
- Sirop d'agave
- Sucre de coco
- Fruits secs : abricots, dattes, raisins, figues

AU FRAIS

- Fruits de saison
- Légumes de saison
- Herbes fraîches
- Poissons, viandes blanches, œufs
- Fromage blanc, faisselle
- Yaourts grecs

LES SUPER ALIMENTS

- Ail
- Cacao cru
- Chou bok choy
- Gingembre
- Cumin
- Spiruline en poudre
- Graines de chia
- Poudre de baobab
- Baies de goji
- Raisins secs

AUTRES

- Poissons en conserve : sardine, maquereau, foie de morue

CHAPITRE 2

CONSEILS DIÉTÉTIQUES AU QUOTIDIEN

Pour une bonne santé, améliorer vos performances et vous permettre une bonne récupération, une alimentation variée et équilibrée est primordiale. Votre alimentation doit vous apporter tous les nutriments nécessaires pour combler vos besoins énergétiques, être riches en vitamines, minéraux et antioxydants, vous apporter suffisamment de fibres et de bonne graisse tels des oméga 3, tout en respectant l'équilibre acido-basique de votre corps.

CONCRÈTEMENT :

• Consommez des fruits, des légumes, des herbes aromatiques, à chaque repas, de préférence de saison (biologique) pour une meilleure qualité nutritionnelle : ils vous apporteront des vitamines, minéraux, antioxydants et fibres. Pour les légumes, préférez une cuisson douce à la vapeur ou saisi rapidement au wok pour préserver les vitamines.

• Des féculents ou céréales complètes à chaque repas de préférence à index glycémique bas, riches en fibres, vitamines et minéraux.

• Préférez la cuisson « al dente » des pâtes et du riz, une cuisson vapeur douce de vos pommes de terre et patate douce.

• Des protéines animales ou végétales, des viandes plutôt maigres ou du poisson (dont deux poissons gras dans la semaine), des œufs, des légumineuses ou des alternatives végétales (tofu, tempeh...). Préférez des cuissons avec peu de matière grasse : poêlé, au four, en papillote... Limitez la viande rouge à 500 g par semaine, et la charcuterie (préférez le jambon blanc).

• Des laitages, maximum deux par jour, privilégiez les produits nature et les produits les plus riches en calcium, les moins gras et les moins salés : lait et yaourt demi-écrémé, fromage blanc et petit suisse à 3 ou 4 % de matière grasse sur produit fini, faisselle nature. Le fromage (1 portion maximum par jour, 30 g) est à limiter car c'est un aliment acide. Si vous ne consommez pas de laitage, buvez de l'eau riche en calcium, consommez des aliments riches en calcium : fruits et légumes, herbes fraîches, amandes, des jus de soja ou amande enrichi (pas d'inquiétude, avec une alimentation variée et équilibrée et une eau calcique, vos besoins seront comblés).

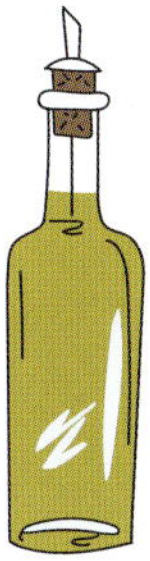

• Consommez de la matière grasse en quantité raisonnable : préférez des huiles végétales. Apportez suffisamment d'oméga 3 dans votre alimentation : consommer de l'huile de colza ou de noix, du poisson gras (2 fois/semaine), des avocats... Préférez consommer l'huile ou le beurre cru à répartir après cuisson. Apportez une poignée par jour maximum de fruits à coque sans sel ajouté (amandes, noix, noisettes, pistaches). Éviter les consommations excessives de matières grasses ajoutées ou cachées (notamment dans les produits industriels) : viennoiseries, sauces, fromages...

• Les produits sucrés seront consommés en quantité raisonnable (confiseries, pâtisseries, barres chocolatées). Ils seront par contre réservés à l'alimentation de l'effort (barres de céréales, sucre, miel, jus de fruits, pâtes de fruits).

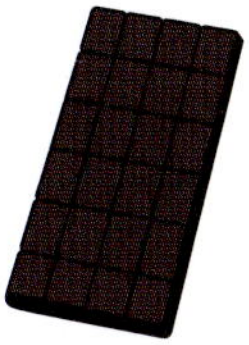

• Hydratation : l'eau est la seule boisson indispensable. Avant, pendant et après l'effort, n'oubliez pas de vous hydrater, de boire de l'eau avant d'avoir soif. Évitez les boissons sucrées sauf celle utilisée pendant l'effort. Évitez de boire de l'alcool.

• Apportez des épices dans votre alimentation : curcuma, cumin, cannelle, gingembre...

Les menus présentés ne demandent aucune compétence particulière en cuisine. Les recettes sont relativement rapides pour que votre alimentation reste un plaisir. Ils sont effectués par une diététicienne pour garantir des apports nutritionnels complets et adaptés aux sportives et sportifs.

CHAPITRE 3

RÉPARTITION D'UNE JOURNÉE ÉQUILIBRÉE

PETIT-DÉJEUNER

• Une boisson chaude ou froide (thé, tisane, café...)

• Un féculent (de préférence des céréales complètes : pain complet ou aux céréales, des céréales petit-déjeuner non sucrées tel muesli ou flocons d'avoine, un gâteau maison...)

• Protéines animales : œufs, jambon, laitage (yaourt, fromage blanc, petit suisse nature) ou végétales : tofu, tempeh, oléagineux (amandes, noix, noisettes, noix de cajou...)

• Un laitage (source de protéines et de calcium) : yaourt nature ou lait fermenté

• Si vous ne consommez pas de laitage, mangez des amandes ou buvez des jus végétaux enrichis en calcium (lait de soja enrichi en calcium)

• Lipides : 10 g de beurre ou de pâte d'oléagineux sans sucre (cacahuète, amande...) ou une petite poignée d'oléagineux (source de protéines et de lipides)

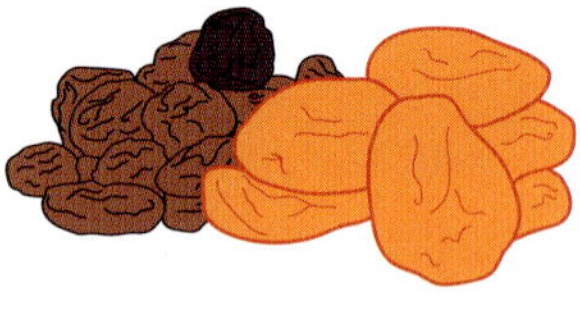

• Un fruit frais ou sec (à intégrer ou non dans votre muesli par exemple)

• Produits sucrés : miel, confiture

DÉJEUNER

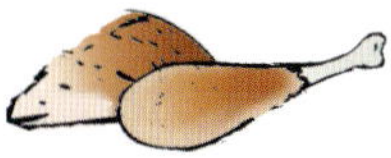
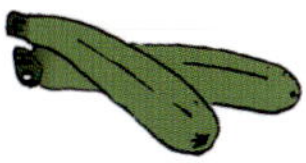

- Des crudités
- Une portion de protéines animales ou végétales
- Une part de féculents
- Une part de légumes éventuellement
- Un laitage possible
- Une part de fruit (cru ou cuit)

DÎNER

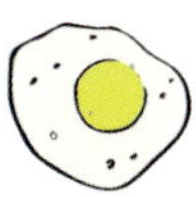

- Crudités ou soupe de légumes en hiver
- Une portion de protéines animales ou végétales moins importante qu'à midi
- Une part de féculents
- Une part de légumes
- Un laitage éventuel
- Une part de fruit (cru ou cuit)
- Pain selon vos habitudes et votre accompagnement
- 1 à 2 cuillères à soupe d'huile par repas (alternez les huiles végétales)

Dans les menus proposés, vous avez pratiquement à chaque repas deux parts de légumes. Essayez d'en intégrer au moins une à chaque repas. Une variante végétale vous sera proposée pour un repas davantage alcalin.

QUAND VOUS N'AVEZ PAS LE TEMPS DE CUISINER MAIS QUE VOUS VOULEZ MANGER SAINEMENT,
QUELQUES ASTUCES SIMPLES :

- Préparez des repas qui ne nécessitent pas de cuisson : des salades composées équilibrées avec des aliments demandant peu de préparation ; thon ou sardine en boîte, tofu préparé, maïs, pois chiche en conserve… Utilisez des produits frais qui s'épluchent ou se découpent rapidement : tomates cerises, concombre, radis, pomelos…

- Choisissez des aliments qui se cuisinent rapidement : pour les féculents ; semoule, nouille de riz, pomme de terre ou patate douce vapeur, boîte de lentilles…, des légumes surgelés pré-découpés non cuisinés, en boîte…

- Pour les protéines, pensez aux œufs, tranche de jambon, viande et poisson à cuisson rapide ; escalope de dinde, poisson blanc, saumon…

- Vous pouvez cuisiner de plus grosses portions et en congeler une partie pour vos prochains repas.

A. COMMENT COMPOSER UNE SALADE COMPLÈTE ? (APPELÉE AUSSI BUDDHA BOWL OU POKE BOWL)

CHOISIR UNE BASE :

- Salade (laitue, épinard, chou, mâche, frisée, endive…) de préférence de saison
- Féculent (riz, quinoa, pâte, pomme de terre)

CHOISIR DES LÉGUMES QUE VOUS AIMEZ :

- Carotte, brocoli, oignon, concombre, avocat, maïs, poivron, champignon, asperge, haricot vert, radis, betterave, céleri, fenouil, aubergine, courgette, tomate…

CHOISIR DES PROTÉINES POUR LES MUSCLES :

- Animales : poulet, jambon, thon, maquereau, saumon, crevette, hareng…
- Végétales : pois chiche, haricot rouge ou blanc, lentilles, graines (de courge, de tournesol…), noix, tofu fumé…

UN PETIT PLUS :

- Fruits (frais ou secs), levure de bière, olives, herbes aromatiques (persil, coriandre, menthe, ciboulette…), épices (poivre, cumin, gingembre, baies…)
- Une sauce salade de votre choix

B. IDÉES DE SALADES EN FONCTION DES SAISONS

SALADES D'HIVER

• Poisson : mâche, riz complet, maïs, radis, fenouil, maquereau, pomme, persil, noix et vinaigrette avec huile de noix.

• Viande : pousse d'épinard, pousse de soja, riz, chou blanc, carotte, oignon, poulet, mangue, piment, graines de sésame et vinaigrette asiatique.

• Légumineuse : persil, semoule, pois chiche, carottes, oignon rouge, grenade, amandes.

• Œuf : friseé, pomme de terre, betterave, céleri branche, œuf dur, persil, noisettes et vinaigrette avec moutarde à l'ancienne.

SALADES DE PRINTEMPS

• Poisson : salade trévisse, fèves fraîches, radis rose, oignon frais, avocat, saumon fumé, ciboulette, graine de sésames, vinaigrette au jus de citron et huile d'olive.

• Viande : mesclun, quinoa, avocat, fleurette de brocoli, oignon nouveau, blanc de poulet, basilic, pignon de pin, sauce matcha-basilic.

• Œuf : cœur de laitue, haricots verts, blé, oignon rouge, œuf dur, persil, noix.

• Légumineuse : tagliatelle de courgette et asperge, lentilles, tomates cerises, oignon nouveau, basilic, amandes et vinaigrette au vinaigre balsamique.

SALADES D'ÉTÉ

• Poisson : salade, riz, tomate, concombre, maïs, oignon rouge, thon, olive noire et sauce aux herbes.

• Viande : roquette, pâtes, tomate, betterave, champignon, radis, jambon, melon, basilic et sauce balsamique.

• Œuf : laitue, quinoa, tomate cerise, concombre, poivron, œuf mollet, amande concassée.

• Légumineuse : boulgour, fève, maïs, tomate cerise, chou rouge, menthe.

SALADES D'AUTOMNE

- Poisson : mâche, riz, avocat, crevette, pamplemousse.
- Viande : roquette, quinoa, carottes râpées, céleri-rave râpé, houmous de betteraves, blanc de poulet, persil, graines de sésame.
- Œuf : feuilles d'épinard, lentilles, carotte râpée, oignon rouge, œuf poché, noix et vinaigrette au vinaigre de cidre.
- Légumineuse : tomate, haricots blancs, penne, chou-fleur, butternut, persil, noisettes concassées et vinaigrette avec sauce soja.

VINAIGRETTE POUR ACCOMPAGNER VOS SALADES

- Classique : huile de noix ou d'olive, vinaigre balsamique, moutarde, sel, poivre.
- Sauce soja : huile de sésame, citron vert, sauce soja, sel, piment.
- Sauce thé matcha basilic : huile d'olive, poudre de thé vert matcha, jus et zeste de citron, basilic frais ciselé, sel, poivre.
- Sauce salade aux herbes fraîches : huile d'olive, yaourt nature ou de soja, jus de citron, herbes (coriandre, basilic, persil et ciboulette ciselés).

Chapitre 4

RECETTES D'HIVER

TAGLIATELLES AUX ÉPINARDS ET AUX PIGNONS

20 min — 4 portions

- 400 g de tagliatelles
- 200 g d'épinards frais hachés grossièrement
- 2 c-à-s de pignons de pin
- 1 gousse d'ail hachée
- 1 c-à-s d'huile d'olive
- 1 pincée de piment
- Sel et poivre du moulin

Faites cuire les pâtes dans une casserole d'eau bouillante.

Faites chauffer l'huile d'olive dans une poêle, ajoutez l'ail. Une fois qu'il est devenu transparent, ajoutez les épinards et laissez cuire en mélangeant régulièrement pendant 5 à 6 minutes à feu moyen. Il est peut-être nécessaire d'ajouter un peu d'eau pour que les épinards ne sèchent pas trop.

Faites griller légèrement les pignons à sec dans une poêle antiadhésive. Une fois les pâtes cuites, les égoutter puis les ajouter aux épinards, assaisonnez. Bien mélanger. Ajoutez les pignons de pin.

SOUPE DE PANAIS AU CUMIN

35 min 4 à 6 portions

Pour 1,5 l de soupe :

- 3 panais (400 g environ épluché et coupé en morceaux)
- 500 ml de lait de coco
- 550 ml d'eau
- 1 bouillon de cube de légumes
- 1 petit bouquet de plantes aromatiques
- 3 c-à-c de cumin
- 1 c-à-c de paprika
- Sel, poivre du moulin
- Jus d' ½ citron
- 1 oignon émincé
- 3 gousses d'ail écrasées
- Facultatif : Coriandre, noix, pignons pour le topping...

Dans un faitout, faites revenir avec un filet d'huile d'olive l'oignon pendant 5 minutes. Ajoutez le panais, le cumin, le paprika la coriandre ciselée, salez et poivrez.

Faites revenir le tout en remuant pendant 2 minutes.

Ajoutez l'eau et le bouillon de légumes et cuire à couvert et à feu doux jusqu'à ce que les panais soient cuits (environ 25 minutes). En fin de cuisson, ajoutez le jus de citron puis le lait de coco.

Mélangez et mixez le tout.

Rectifiez l'assaisonnement. Si la soupe est trop épaisse, ajoutez de l'eau ou du lait de coco en plus jusqu'à obtenir la consistance idéale.

Au moment de servir, ajoutez sur le dessus des noix, des baies rouges, des graines de courges...

RISOTTO DE CÉLERI BRANCHE

50 min 4 portions

- 2 branches de céleri branche émincées
- 1 oignon émincé
- 2 verres de riz rond
- 50 g de parmesan râpé
- 750 ml d'eau avec 1 cube de bouillon de légumes
- 75 g de saumon fumé coupé en fines lanières
- Huile d'olive

Placez le bouillon dans une casserole et faites réchauffer jusqu'à ébullition, baissez le feu et laissez mijoter.

Dans une casserole à fond épais, faites chauffer l'huile d'olive, ajoutez l'oignon et le céleri branche. Faites cuire à feu moyen pendant 4 à 5 minutes.

Versez le riz, mélangez bien et laissez nacrer pendant 2 minutes. Versez le bouillon petit à petit en 3 ou 4 fois en remuant de temps en temps jusqu'à ce que le riz soit cuit (17 à 20 minutes de cuisson environ).

En fin de cuisson, ajoutez le parmesan, les lanières de saumon. Rectifiez l'assaisonnement. Mélangez avec soin.

Couvrez le risotto, puis laissez reposer une minute.

OMELETTE DE POMMES DE TERRE ET OIGNONS

30 min — 4 portions

- 5 pommes de terre moyennes pelées
- 6 œufs
- 2 oignons rouges ou jaunes hachés
- 3 c-à-s d'huile d'olive
- Sel et poivre du moulin

Faites cuire les pommes de terre à la vapeur pendant environ 20 minutes (elles doivent rester fermes). Coupez-les en dés.

Faites chauffer l'huile dans une poêle et faites suer les oignons pendant 2 minutes en remuant. Ajoutez les pommes de terre et poursuivez la cuisson 2 à 3 minutes.

Dans un saladier, battez les œufs, ajoutez le sel et le poivre. Versez dans la poêle et faites cuire l'omelette 5 minutes environ à feu doux.

Faites-la glisser sur une assiette, retournez-la et terminez la cuisson sur l'autre face. Servez aussitôt.

ÉMINCÉ DE VEAU SAUTÉ AUX LÉGUMES

25 min — 4 portions

- 450 g de noix de veau coupé en fine lamelle
- 2 échalotes émincées
- 3 carottes coupées en ruban
- 2 têtes de brocoli détaillées en fleurette
- 200 g de champignons de Paris émincés
- 200 g de riz
- 2 c-à-s d'huile d'olive
- Sel et poivre du moulin

Faites chauffer l'huile dans un wok, colorez les échalotes puis ajoutez les carottes et les cuire jusqu'à ce qu'elles soient souples. Réservez.

Dans le même wok, faites revenir la viande rapidement, ajoutez les brocolis et laissez cuire quelques minutes.

Remettez les échalotes et les carottes puis ajoutez les champignons et laissez cuire 2 à 3 minutes.

Salez et poivrez la préparation.

TOFU BROUILLÉ

20 min 4 portions

- 1 oignon émincé
- 400 g de tofu soyeux
- 125 g de tofu ferme nature ou aux herbes
- 3 à 4 c-à-c de curcuma
- ½ c-à-c de cumin
- 1 c-à-s d'huile
- Poivre du moulin
- Optionnel : des herbes fraîches comme la ciboulette

Dans une sauteuse, faites chauffer l'huile et revenir l'oignon.

Dans un petit saladier, émiettez grossièrement votre tofu ferme avec les mains. Ajoutez votre tofu soyeux (en enlevant l'excédent d'eau dans l'évier), le sel, le curcuma, le cumin (ou d'autres épices ou herbes de votre choix). Et mélangez grossièrement avec une cuillère à soupe.

Ajoutez la préparation de tofu dans la sauteuse. Laissez cuire 10 à 15 minutes en mélangeant régulièrement.

Servez aussitôt en ajoutant du poivre du moulin et des herbes fraîches si vous en avez.

DINDE AUX ENDIVES

30 min 4 portions

- 4 escalopes de poulet en morceaux
- 4 endives découpées (ôtez la partie dure et amère)
- 2 oignons émincés
- 1 c-à-s d'huile d'olive
- 1 c-à-c de curry
- 1 c-à-s de crème liquide
- Sel et poivre du moulin

Faites chauffer l'huile d'olive dans une poêle, ajoutez l'escalope en morceaux et faites les dorer. Réservez.

Dans la même poêle, faites cuire les endives et l'oignon (en les salant pour les faire dégorger) pendant 15 minutes à feu moyen.

Ensuite ajoutez le poulet. Épicez de curry, poivrez. Ajoutez la crème. Laissez cuire encore 5 minutes.

BOUILLON THAÏ AU BŒUF ET LÉGUMES D'HIVER

25 min 4 portions

- 300 g de bœuf bavette taillé en lanière
- 1 oignon émincé
- ½ poireau coupé
- 2 c-à-c de gingembre frais haché
- 2 c-à-s de coriandre hachée
- 2 carottes coupées en julienne
- Quelques feuilles de chou chinois coupées
- 2 c-à-s de sauce soja
- 2 c-à-s de pâte de curry rouge thaï
- 2 c-à-s de beurre de cacahuète
- 200 g de vermicelle de riz
- 1 l d'eau
- 2 c-à-s d'huile
- Sel et poivre du moulin

Dans une cocotte, faites chauffer l'huile puis faire revenir à feu moyen les légumes émincés (oignon, poireaux, carottes, chou chinois) pendant 5 minutes.

Ajoutez le gingembre, la pâte de curry et beurre de cacahuète. Bien mélanger. Cuire 2 à 3 minutes. Versez la sauce soja et l'eau. Portez à ébullition pendant 3 minutes, baisser le feu et laisser frémir 2 minutes.

Ajoutez la viande ou le tofu et les vermicelles dans le bouillon. Laissez cuire encore 3 minutes à feu fort.

Ajoutez la coriandre et servez**.**

CAKE MAISON SPORTIF

45 min — 4 portions

- 100 g de farine complète
- 200 g de flocons d'avoine
- 30 g de raisins secs (ou autres fruits secs de votre choix)
- 1 banane écrasée
- 3 c-à-s de sirop d'érable
- 150 g de yaourt de soja
- 150 ml de lait de soja
- 2 c-à-s de noix de coco
- 40 g de poudre d'amande
- 2 c-à-c de bicarbonate de soude
- Une pincée de cannelle

Préchauffez le four à 180 °C (th. 6).

Mélangez tous les ingrédients secs ensemble : la farine, les flocons d'avoine, le bicarbonate de soude, la cannelle et la poudre d'amande.

Incorporez le lait et le yaourt. Puis l'huile, le sirop d'érable et la banane écrasée et mélangez à nouveau pour obtenir une pâte bien homogène. Terminez en incorporant les fruits secs. Mélangez.

Enfournez pendant 30 à 35 minutes (selon les fours, cuisson à surveiller).

Laissez refroidir avant de démouler.

ESCALOPE DE PORC PANÉ

45 min 4 portions

- 4 escalopes de porc
- 1 œuf
- 50 g de chapelure fine
- 50 g de poudre d'amandes
- 50 g de graines de sésame
- 2 c-à-s d'huile d'olive
- Sel et poivre du moulin

Coupez chaque escalope de porc en 8 à 10 morceaux (environ) assez fins.

Dans un saladier, battez les œufs en omelette, salez et poivrez un peu. Mettez le porc à tremper dans le saladier et remuez. Dans une assiette creuse, mélangez la chapelure, la poudre d'amandes, les graines de sésame, un peu de sel et de poivre. Trempez chaque morceau dans la panure et les déposer dans une assiette.

Faites chauffer dans une poêle à feu vif un fond d'huile de tournesol. Faites cuire 4 minutes sur chaque face à feu moyen, puis égouttez-les sur du papier absorbant.

QUICHE AUX POIREAUX

50 min — 4 portions

- 1 pâte brisée
- 3 poireaux émincés
- 3 œufs
- 15 cl de crème liquide
- 1 pincée de noix de muscade
- 1 c-à-s d'huile d'olive
- 40 g d'emmental râpé
- Sel et poivre du moulin

Faites chauffer l'huile dans une sauteuse, ajoutez les poireaux puis laissez cuire 10 minutes en remuant.

Préchauffez le four à 180 °C (th. 6). Étalez la pâte puis foncez un moule à tarte et piquez le fond avec une fourchette.

Dans un saladier, fouettez les œufs avec la crème liquide. Ajoutez l'emmental râpé et la muscade, salez et poivrez.

Répartissez les poireaux sur la pâte puis recouvrez avec le mélange œufs/crème. Enfournez et laissez cuire 35 minutes.

QUICHE VÉGÉTALE AUX POIREAUX

50 min — 4 portions

- 1 pâte brisée ou feuilletée à la margarine
- 500 g de poireaux émincés (surgelés ou frais)
- 40 cl (2 briques) de crème végétale au choix (soja, amande ou autre)
- 3 c-à-s de fécule de maïs (type Maïzena)
- 1 c-à-s d'huile d'olive
- 1 pincée de noix de muscade
- Sel et poivre du moulin

Faites chauffer l'huile dans une sauteuse, ajoutez les poireaux puis laissez cuire 10 minutes en remuant.

Préchauffez le four à 180 °C (th. 6). Étalez la pâte puis foncez un moule à tarte et piquez le fond avec une fourchette.

Dans un petit saladier, délayez la fécule dans un peu de crème végétale, puis ajoutez la totalité de la crème, du sel, du poivre et la noix de muscade. Ajoutez les poireaux sur la pâte puis recouvrir avec le mélange fécule/crème végétale.

Cuire au four entre 30 et 45 minutes.

MOULES MARINIÈRES AU CÉLERI BRANCHE

45 min — 4 portions

- 1 cœur de céleri branche
- 2 kg de moules
- 2 échalotes émincées
- 25 cl de vin blanc sec
- 40 g de beurre demi-sel
- Poivre du moulin

Dans une grande cocotte, faites revenir les échalotes et le céleri dans le beurre quelques minutes.

Glacez avec le vin blanc avant de porter le mélange à ébullition, puis de laisser réduire à feu doux 10 minutes environ.

Ajoutez les moules et laissez-les s'ouvrir sur feu vif.

Ajustez l'assaisonnement avant de les déposer dans un plat avec le jus de cuisson.

Parsemez le plat de quelques feuilles de céleri branche.

TOFU CROUSTILLANT

25 min 4 portions

Pour le liant :

- 400 g de tofu nature ferme (qu'on éponge avec du papier essuie-tout)
- 50 g de fécule de maïs
- 2 c-à-s de tamari (sauce soja)
- 1 c-à-s de sirop d'érable (ou agave)
- 60 ml d'eau froide

Pour la chapelure :

- 50 g de chapelure
- 50 g de poudre d'amandes
- 50 g de graines de sésame
- 2 c-à-c de paprika (fumé ou simple)
- Sel et poivre du moulin

Après avoir épongé le tofu nature pour enlever l'excédent d'humidité, faites des morceaux plus ou moins égaux avec les mains.

Dans une assiette creuse, diluez la fécule de maïs avec le tamari, le sirop d'érable et l'eau froide.

Dans une autre assiette creuse, mélangez la chapelure, la poudre d'amandes, les graines de sésame, le paprika, le sel et le poivre. Trempez chaque morceau dans la préparation liquide et trempez-les ensuite dans la panure. Déposez chaque morceau dans une assiette le temps de tous les préparer.

Ensuite, dans une poêle, faites chauffer un bon fond d'huile de tournesol sur feu moyen-fort et déposez les morceaux de tofus. Laissez colorer quelques minutes de chaque côté.

Réservez ensuite sur une assiette recouverte de papier essuie-tout pour absorber l'excédent de gras et salez les tofus croustillants.

TEMPEH LAQUÉ AU BALSAMIQUE

20 min 4 portions

- 400 g tempeh coupé en petit carré
- 100 ml de vinaigre balsamique
- 4 c-à-s de tamari (sauce soja)
- 2 c-à-s de sucrant liquide (sirop d'agave ou érable)
- 1 gousse d'ail
- 2 c-à-s d'huile d'olive
- 3 c-à-c de fécule de maïs
- 150 ml d'eau froide

Mélangez le tamari avec le sucrant liquide et la gousse d'ail pressée.

Ajoutez-y le tempeh et laissez mariner minimum 20 minutes (si vous passez cette étape, ce n'est pas gênant).

Faites chauffer l'huile dans une poêle, ajoutez la marinade et laissez caraméliser pendant 10 minutes à feu moyen.

Mélangez la fécule avec l'eau froide puis versez-la dans la poêle jusqu'à ce que le mélange épaississe (c'est assez rapide).

Facultatif : Vous pouvez précuire le tempeh 10 minutes à la vapeur ou dans l'eau bouillante pour le rendre plus tendre et adoucir le goût.

FALAFELS

25 min 4 portions

- 400 g de pois chiches en conserve (ou lentilles)
- 1 oignon
- 1 gousse d'ail
- 3 c-à-s de farine
- ½ botte de persil frais
- ½ botte de coriandre fraîche
- 1 c-à-c de curcuma
- 2 c-à-c de cumin
- Huile de tournesol
- Sel et poivre du moulin

Mettez dans un saladier les pois chiches égouttés et séchés.

Mixez l'oignon, l'ail, les herbes, ajoutez-les dans le saladier, puis versez les épices, salez, poivrez.

Écrasez le tout avec un presse-purée ou une fourchette. Formez des boulettes de la taille d'une boule de ping-pong.

Les faire frire et dorer dans un fond d'huile à la poêle, en les faisant rouler pour que ça dore un peu partout.

Réservez ensuite sur une assiette recouverte de papier absorbant pour absorber l'excédent de gras. Servir.

RÉPARTITION DE MENUS ÉQUILIBRÉS

SUR UNE SEMAINE - HIVER

REPAS	JOUR 1	JOUR 2	JOUR 3
Petit-déjeuner	Thé ou café Pain au levain ½ avocat Saumon fumé et jus de citron Kiwi  	Thé ou café Porridge : flocons d'avoine, lait, banane, amande et noisette, sirop d'érable 	Thé ou café Pain complet Beurre Œuf au plat Fruit frais 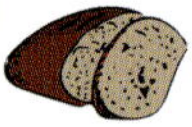  
Variante végétale	Pain au levain avec miso, avocat et noix concassées	À la place du lait : jus végétal	Tofu brouillé
Déjeuner	Carottes râpées à l'échalote et vinaigrette avec huile de colza Poulet grillé Tagliatelles aux épinards et pignons* Clémentine et fromage blanc 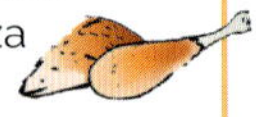	Salade de radis noir Risotto au céleri branche et saumon fumé* Yaourt fermenté Clémentines 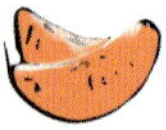	Pois chiches au cumin Dinde aux endives et curry* Fromage blanc Pamplemousse 
Variante végétale	Tofu fumé Tagliatelles aux épinards	Radis noir et houmous Risotto au céleri branche* 	Pois chiches au cumin Endives braisées et riz 
Dîner	Soupe de panais au cumin* Omelette de pommes de terre et oignons* Emmental Mâche et persil Vinaigrette avec huile de noix Pomme au four 	Salade d'endive et noix Émincé de veau sauté aux légumes* Boulgour Salade de fruits d'hiver 	Chou rouge, persil et vinaigrette à l'huile de noix Filet de cabillaud à la poêle Écrasé de pommes de terre et panais Poire 
Variante végétale	Poêlée de pommes de terre, oignon, curcuma et tofu fumé	Sauté de légumes et haricots blancs Boulgour	Lentilles Purée de pomme de terre et panais

JOUR 4	JOUR 5	JOUR 6	JOUR 7
Thé ou café Pain aux céréales Beurre de cacahuète Banane Fromage blanc 	 Thé ou café Muesli maison Lait enrichi en calcium Compote de fruit	Thé ou café Cake maison Petit-suisse nature 	Pancake au sarrasin Fruit frais Noix Sirop d'érable Yaourt à la grecque  
	Jus de soja		Yaourt au soja
 Poireaux vinaigrette Bouillon thaï au bœuf et légumes* Orange 	Céleri vinaigrette avec yaourt, ail et piment d'Espelette Papillote de poisson aux légumes Purée de butternut Carpaccio de kaki	Betterave Escalope de porc pané aux sésames* Carottes au cumin et quinoa Yaourt fermenté Orange 	Boulette d'agneau sauce tahini* Salade de pousses d'épinard, graines de grenades, patate douce, betterave et oignon au four Mangue 
Bouillon thaï au tofu et légumes	Wok de légumes Purée de butternut et lentilles corail Noisettes concassées	Tofu croustillant*	Falafels* 
Soupe de potiron Quiche aux poireaux* et salade Yaourt nature Carpaccio d'ananas à la menthe poivrée	Salade complète : épinard, avocat, lentilles, carottes, oignon rouge, dés de jambon, graine de courge Compote de fruits	Soupe de légumes Moules marinières au céleri branche* Pommes de terre vapeur Pomme-cannelle 	Salade de maquereau, riz complet, maïs, radis et mâche, persil Yaourt nature Mandarine
Quiche végétale aux poireaux*	Salade complète végétale : épinard, avocat, lentilles, riz, carottes, oignon rouge, graines de courge	Pommes de terre au céleri branche Tempeh laqué au balsamique*	Salade de riz, haricot rouge, maïs radis, mâche, noix, persil

CHAPITRE 5

RECETTES DE PRINTEMPS

PORRIDGE D'AVOINE SANS CUISSON AU THÉ MATCHA

5 min — 1 portion

- 30-40 g de petits flocons d'avoine
- 50 ml de lait d'amande
- 1 yaourt nature ou jus de soja
- 1 c-à-s de graines de chia (facultatif)
- 1 c-à-c de sirop d'agave ou miel
- 1 c-à-c de purée d'amande blanche
- 2 c-à-c rase de thé matcha

La veille, dans un pot à confiture ou un bocal, versez les flocons d'avoine.

Ajoutez les graines de chia, le sirop d'agave ou le miel, le matcha puis le lait et enfin le yaourt.

Placez au réfrigérateur pour la nuit. Le matin, mélangez et rajoutez un peu de lait si le mélange semble trop compact. Ajoutez la purée d'amande ou de noisette.

Vous pouvez en préparer plusieurs à la fois, ils se conservent jusqu'à trois jours au frigo.

POULET ET SA FONDUE DE POIREAUX

20 min 4 portions

- 2 poireaux émincés
- 1 petite orange pressée
- 1 cube de bouillon de légumes
- 400 g de blanc de poulet découpé en lanière
- Quelques brins de ciboulette
- 1 c-à-s d'huile d'olive

Dans une poêle, faites dorer le poulet 3 minutes dans l'huile puis réservez.

Dans un wok, faites fondre les poireaux à couvert pendant 5 minutes. Ajoutez le cube de bouillon avec le jus d'orange et mélangez jusqu'à fonte complète. Ajoutez les émincés de poulet et la ciboulette ciselée puis poivrez.

SOUPE FROIDE DE PETIT POIS ET MENTHE

25 min 2 à 4 portions

- 250 g de petits pois frais écossés (ou petits pois surgelés)
- 500 ml d'eau
- 1 cube de bouillon de légumes
- 1 petite échalote coupée
- 2 c-à-s d'huile d'olive
- 10 feuilles de menthe
- Pignons de pin (facultatif)

Dans une casserole, faites chauffer l'huile à feu vif et faites revenir l'échalote 2 minutes.

Versez l'eau et le bouillon. Portez à ébullition.

Ensuite, plongez les petits pois dans le liquide et faites cuire à frémissement léger pendant 15 minutes environ. Ajoutez les feuilles de menthe et mixez.

Réservez au réfrigérateur au moins 2 heures pour une soupe froide sinon servir. Parsemez de pignon de pin grillé avant de servir.

SALADE DE POMMES DE TERRE AUX HARENGS

20 min — 4 portions

- 10 pommes de terre moyennes
- 1 échalote émincée
- 4 filets de hareng fumé coupés en morceaux
- Sel et poivre du moulin
- Moutarde
- 4 c-à-s d'huile d'olive
- 2 c-à-s de vinaigre
- Quelques brins de ciboulette ciselés

Épluchez les pommes de terre, les couper en morceaux et les faire cuire à la vapeur (elles doivent être tendres : 10 minutes après l'ébullition).

Mettez les pommes de terre encore chaudes dans un saladier et ajouter l'échalote, les filets de hareng et versez une vinaigrette à la moutarde.

Ajoutez la ciboulette.

SALADE DE POMMES DE TERRE ET ALGUES

20 min — 4 portions

- 10 pommes de terre moyennes
- 1 échalote émincée
- 1 c-à-s bombée d'algues en paillettes ou ½ feuille de nori en morceaux
- Une dizaine de câpres émincées
- 2 c-à-s d'huile végétale (colza ou pépins de raisin)
- 1 c-à-s tamari (sauce soja)
- Le zeste d'1 citron
- Le jus d'1 citron
- 2 c-à-s de persil ciselé

Épluchez les pommes de terre, les couper en morceaux et les faire cuire à la vapeur (elles doivent être tendres : 10 minutes après l'ébullition).

Mettez les pommes de terre encore chaudes dans un saladier et ajouter l'échalote, les algues et les câpres.

Mélangez l'huile, la sauce soja, le zeste et le jus de citron, puis ajoutez le persil dans le saladier et mélangez délicatement.

Servir encore tiède.

QUICHE AUX BLETTES ET AU JAMBON

50 min 4 portions

- 1 pâte brisée
- 1 bouquet de blettes coupé en morceaux
- 4 fines tranches de jambon blanc
- 4 œufs (taille L)
- 0,50 cl de lait (ou moins)
- 100 g de gruyère râpé
- Sel et poivre du moulin

Étalez la pâte brisée dans un moule préalablement beurré et réservez-la au frigo.

Cuisez les blettes à la vapeur ou dans une poêle avec un verre d'eau en surveillant attentivement. Laissez-les refroidir.

Dans un bol, battez les œufs et le lait, ajoutez du sel et du poivre.

Déposez le jambon coupé grossièrement ainsi que les blettes sur la pâte brisée.

Versez l'appareil sur la garniture.

Parsemez de fromage et enfournez 40 à 50 minutes dans un four préchauffé à 180 °C (th. 6).

Pour savoir si la tarte est cuite, enfoncez un couteau dans la pâte, la lame doit ressortir sèche. Si ce n'est pas le cas, prolongez la cuisson de quelques minutes. Servez avec une salade de saison.

CURRY DE POULET AU CHOU-FLEUR

30 min 4 portions

- 4 filets de poulet découpés en morceaux
- 1 chou-fleur en fleurette
- 1 oignon émincé
- 1 morceau de gingembre émincé
- 1 gousse d'ail hachée
- 1 c-à-c de curry en poudre
- 20 cl de lait de coco
- 1 pointe de piment de Cayenne
- 2 c-à-s d'huile d'olive
- 1 c-à-s de concentré de tomates
- 1 pincée de sel
- Coriandre fraîche

Faites cuire à la vapeur les bouquets de chou-fleur (5 à 10 minutes après l'ébullition). Il faut qu'il reste al dente.

Dans un wok, faites chauffer l'huile, faites revenir quelques minutes à feu moyen, l'oignon, l'ail et le gingembre. Ajoutez le poulet, les épices et le sel. Poursuivre la cuisson 5 minutes. Ajoutez le concentré de tomates et le lait de coco. Mélangez. Quand la sauce est bien amalgamée, ajoutez le chou-fleur. Laissez mijoter une dizaine de minutes et servez. Parsemez de coriandre.

CURRY DE CHOU-FLEUR ET LENTILLES CORAIL

30 min   4 portions

- 1 chou-fleur en petite fleurette
- 150 g de lentilles corail
- 1 boîte de tomates concassées (400 g)
- 25 cl de lait de coco
- 1 oignon émincé
- 1 gousse d'ail hachée
- 1 petit morceau de gingembre émincé
- 1 c-à-s d'huile d'olive ou de coco
- 1 c-à-c de curry
- 1 c-à-c de cumin
- Environ 30 cl d'eau
- 1 pincée de piment de Cayenne
- Sel et poivre
- Quelques feuilles de coriandre fraîche

Faites cuire à la vapeur les bouquets de chou-fleur (5 minutes après l'ébullition). Il faut qu'il reste al dente.

Dans un wok, faites chauffer l'huile, faites revenir à feu moyen l'oignon, l'ail, le gingembre, les épices et le sel. Ajoutez les tomates concassées, le lait de coco et l'eau. Remuez. Ajoutez les lentilles et le chou-fleur.

Couvrez et laissez mijoter 15 minutes à feu doux. Rectifiez l'assaisonnement, parsemez de coriandre.

LÉGUMES RÔTIS AU FOUR

50 min — 4 portions

- 3 courgettes coupées en deux dans le sens de la longueur
- 4 carottes coupées en bâtonnet
- 2 carottes violettes coupées en bâtonnet
- 2 oignons cébettes coupés en deux
- 2 navets coupés en bâtonnets
- 1 filet d'huile d'olive
- Sel et poivre du moulin
- Cumin
- Herbes de Provence
- Feuilles de basilic (optionnel)

Préchauffez votre four à 220 °C (th. 7, chaleur tournante).

Couvrez une plaque du four avec du papier cuisson. Huilez légèrement le papier avec de l'huile d'olive. Déposez les légumes harmonieusement. Parsemez d'un filet d'huile d'olive. Salez, poivrez, saupoudrez de cumin. Ajoutez les herbes de Provence.

Cuire pendant 20 à 30 minutes selon votre four. Vérifiez la cuisson avec la pointe d'un couteau.

POÊLÉE DE GNOCCHIS AUX LÉGUMES

35 min — 4 portions

- 400 g de gnocchis
- 1 oignon émincé
- 1 courgette coupée
- 100 g de brocoli en fleurette
- 12 tomates cerises coupées en deux
- 2 c-à-s de pesto
- 1 branche de basilic
- 4 c-à-s d'huile d'olive
- Sel et poivre du moulin

Dans une poêle sur feu moyen-fort, faites chauffer l'huile. Faites revenir votre oignon pendant 2 minutes en prenant soin de remuer régulièrement.

Ajoutez les rondelles de carottes, un peu d'eau et poursuivez la cuisson jusqu'à totale évaporation de l'eau. Pendant ce temps, faites chauffer une casserole d'eau salée pour cuire vos gnocchis. Ajoutez les courgettes avec les carottes et faites cuire 10 minutes en remuant régulièrement.

Quand l'eau boue, plongez vos gnocchis dans la casserole. Lorsqu'ils remontent à la surface, égouttez-les.

Ajoutez les gnocchis, les têtes de brocoli, les tomates et le pesto à vos autres légumes et faites cuire 5 minutes sur feu vif en mélangeant. Salez et poivrez selon votre goût.

Agrémentez votre poêlée de feuilles de basilic.

STEAK VÉGÉTAL AUX LENTILLES

20 min 4 portions

- Une boîte de lentilles (environ 400 g égouttées)
- 2 oignons coupés en quatre
- 3 carottes coupées en morceaux
- 2 c-à-s de Maïzena (24 g)
- Environ 10 c-à-s de farine complète (120 g)
- Sel et poivre du moulin
- Épices ou herbes de votre choix

Passez les oignons et les carottes au mixeur. Ajoutez vos lentilles bien égouttées. Salez, poivrez et épicez selon vos goûts (épices, herbes aromatiques...).

Mixez le tout pour que les lentilles soient en morceaux fins.

Versez dans un saladier. Ajoutez la fécule et mélangez. Ajoutez ensuite la farine jusqu'à obtenir une consistance de type purée (en rajouter si cela paraît trop liquide).

Formez des galettes.

Faites cuire dans un peu d'huile.

ASPERGES, CREVETTES ET PÂTES

30 min 4 portions

- 320 g de crevettes roses crues et décortiquées
- 250 g de spaghetti semi-complets ou complets
- 1 botte d'asperges vertes ou 12 asperges coupées en petits tronçons
- 8 gros radis roses coupés en rondelles
- 4 c-à-s de pesto de persil ou basilic
- 125 ml ou ½ tasse d'eau de cuisson des pâtes

Dans une casserole, faites cuire les pâtes dans de l'eau salée.

Dans une autre casserole, faites cuire les asperges avec deux louches de l'eau de cuisson des pâtes à feu assez vif pendant 10 minutes (à la fin, l'eau doit s'être évaporée). Réservez.

Dans une sauteuse ou un wok, mettez à chauffer une cuillère à soupe de pesto. Ajoutez les crevettes et faites-les cuire à feu moyen jusqu'à ce qu'elles aient changé de couleur.

Ajoutez les pâtes et les 3 cuillères à soupe de pesto, mélangez.

Ajoutez les radis, les asperges, mélangez. Chauffez 2 minutes à feu plutôt doux avec un couvercle.

Servez. Vous pouvez saupoudrer de parmesan ou de fromage râpé.

TARTINADE DE TOFU FUMÉ ET NOIX DE CAJOU

20 min — 4 portions

Pour un pot de confiture :

- 250 g de tofu fumé découpé en dé
- 1 gousse d'ail
- 1 pincée de piment
- 80 g de noix de cajou
- 1 c-à-s d'eau
- Sel et poivre du moulin

Mixez le tout jusqu'à l'obtention d'une pâte crémeuse.

MIJOTÉ DE LÉGUMES AU TEMPEH

30 min 4 portions

- 2 oignons émincés
- 400 g de tempeh
- 2 gousses d'ail
- 2 courgettes coupées en morceaux
- 2 carottes coupées en petits cubes
- 250 ml de coulis de tomates
- 250 ml d'eau
- 2 c-à-s de miso blanc
- 2 c-à-s d'huile d'olive
- 1 cube de bouillon de légumes
- Piment de cayenne
- Sel et poivre du moulin

Dans une sauteuse, faites revenir dans l'huile, les oignons, l'ail, les carottes et le tempeh pendant 5-10 minutes à feu moyen-vif.

Ajoutez les courgettes, laissez cuire 5 minutes.

Délayez le miso dans l'eau bouillante et versez dans la sauteuse.

Ajoutez le coulis de tomates, le cube de bouillon, le piment, le poivre.

Cuire 10 minutes et rectifier l'assaisonnement. Vous pouvez ajouter du persil en fin de cuisson.

TABOULÉ DE BROCOLI ET CHOU-FLEUR

15 min 4 portions

- ½ chou-fleur en fleurette
- ½ brocoli en fleurette
- 2 oignons nouveaux hachés
- 1 tomate coupée en dés
- ½ bouquet de persil plat ciselé
- ½ bouquet de ciboulette ciselé
- 2 c-à-s d'huile d'olive
- ½ pamplemousse
- Sel et poivre du moulin

Râpez les choux au-dessus d'un saladier. Ajoutez la tomate, les oignons, le persil et la ciboulette.

Faites une vinaigrette avec le jus du pamplemousse, versez sur les légumes. Mélangez et servez.

BRUSCHETTA HOUMOUS, OLIVES ET TOMATES

15 min   4 portions

- 4 tranches de pain de type bruschetta ou pain de campagne
- 4 c-à-s de houmous
- 12 tomates cerises coupées en quartier
- 4 oignons nouveaux émincés
- 8 olives noires dénoyautées hachées
- 80 g de mozzarella ou feta
- 2 c-à-s d'huile d'olive
- 1 c-à-s de vinaigre balsamique
- Sel et poivre du moulin

Dans un petit saladier, mélangez les tomates, les oignons nouveaux avec leurs tiges, les olives, la feta émiettée, l'huile d'olive, le vinaigre balsamique, du sel et du poivre du moulin. Toastez légèrement les tranches de bruschetta.

Tartinez la mie de vos bruschettas de houmous. Agrémentez vos tartines de salade à la tomate.

ROULEAUX DE PRINTEMPS AU THON

20 min 4 portions

- 200 g de thon à l'huile
- 16 feuilles de riz de 22 cm de diamètre
- 1 avocat coupé
- 2 oignons émincés
- 2 carottes râpées
- Feuilles de laitue
- 1 courgette râpée
- 1 bouquet de menthe ciselée

Pour la sauce :

- 2 citrons verts pressés
- 1 c-à-s de sauce soja
- L'huile du thon
- Poivre du moulin
- Piment d'Espelette ou tabasco

Dans un saladier, mélangez le thon, les oignons et l'avocat (citronnez-le pour éviter qu'il s'oxyde).

Dans un petit bol, mélangez le jus de citron, la sauce de soja, l'huile de thon, du poivre, deux pincées de piment d'Espelette ou une cuillère à soupe de tabasco.

Faites tremper une minute les feuilles de riz dans un saladier d'eau légèrement tiède, juste le temps que la feuille devienne translucide. Déposez la feuille de riz sur un torchon propre. Déposez dessus une grande feuille de salade puis les légumes râpés, la menthe et la préparation au thon.

Repliez le bas de la feuille vers le centre sur la garniture. Faites de même avec les côtés et roulez le tout bien serré.

ROULEAUX DE PRINTEMPS VÉGÉTARIENS

20 min 4 portions

- 16 feuilles de riz de 22 cm de diamètre
- 2 avocats coupés en tranche
- 2 carottes râpées
- 16 feuilles de laitue
- 1 courgette râpée
- 1 bouquet de menthe ciselée
- Houmous

Pour la sauce tahini :

- 3 c-à-s de tahini
- 250 ml d'eau
- 1 gousse d'ail hachée
- Le jus d'un demi-citron
- 1 c-à-s d'huile d'olive extra-vierge
- 2 c-à-s de sauce de soja
- Sel

Détendre le tahini avec l'eau et le jus de citron. Ajoutez le reste des ingrédients et bien mélanger au fouet.

Faites tremper une minute les feuilles de riz dans un saladier d'eau légèrement tiède, juste le temps que la feuille devienne translucide.

Déposez la feuille de riz sur un torchon propre.

Tartinez la feuille de riz de houmous.

Déposez une feuille de salade puis les légumes râpées, quelques tranches d'avocat, la menthe.

Repliez le bas de la feuille vers le centre sur la garniture.

Faites de même avec les côtés et roulez le tout bien serré.

PANCAKE SOLO

10 min · 1 portion

- 1 banane moyenne
- 1 œuf
- 70 g de farine
- 5 g de poudre à lever ou bicarbonate
- 30 ml de lait ou lait végétal
- 1 pincée de sel fin
- Noix de coco râpée (facultatif)
- Huile pour la cuisson

À l'aide d'une fourchette, écrasez la banane en purée. Mélangez cette purée avec l'œuf. Ajoutez au mélange œuf-banane la farine, le sel, la levure et le lait. Mélangez de nouveau jusqu'à l'obtention d'une pâte lisse

Chauffez une poêle à feu moyen, huilez légèrement. (Parsemez de noix de coco).

Lorsque la poêle est bien chaude, déposez une louche de pâte d'un centimètre d'épaisseur, cuire le pancake une minute environ de chaque côté.

WRAP D'AGNEAU ET LÉGUMES CROQUANTS

15 min — 4 portions

- 300 g d'épaule d'agneau émincé
- 4 tortillas
- 2 gousses d'ail hachées
- ¼ de botte de persil haché
- 2 yaourts nature
- 30 g de cheddar
- 1 pincée de cumin
- 1 carotte râpée
- ½ betterave râpée
- 1 oignon rouge émincé
- 2 sucrines émincées en lanières
- 50 g de roquette
- 1 branche de thym
- 1 branche de romarin
- 2 c-à-s d'huile d'olive
- Sel et poivre du moulin

Faites la sauce au yaourt en mélangeant le yaourt avec l'ail, le cumin, le persil, salez et poivrez.

Étalez la sauce au centre et sur toute la longueur de chaque tortilla. Déposez un lit de roquette et de sucrine, puis les carottes et les betteraves, l'oignon, des tranches de tomates. Parsemez-le tout de cheddar.

Faites chauffer une poêle avec l'huile, l'ail, le thym et le romarin, cuire la viande à feu fort pendant une minute de chaque côté puis baisser le feu pour poursuivre la cuisson 2 à 3 minutes. Assaisonnez avec sel et poivre selon votre goût.

Déposez les lamelles de viandes dans les wraps. Roulez les wraps en les serrant bien. Vous pouvez les couper en deux et les déguster.

FENOUIL À L'ORANGE

25 min — 4 portions

- 6 bulbes de fenouil de printemps coupés en lamelle
- 30 g d'amandes blanches concassées
- 1 tête d'ail nouveau émincé
- 1 c-à-c de graines de coriandre
- 2 branches de coriandre fraîche ciselées
- 1 orange non traitée (pour le zeste et le jus)
- 2 c-à-s d'huile d'olive
- Sel et poivre du moulin

Ôtez les feuilles extérieures du bulbe. Coupez les tiges et le plumet puis coupez le légume en lamelles.

Dans une sauteuse, faites chauffer l'huile, ajoutez l'ail et le fenouil, faites dorer en remuant constamment. Ajoutez les amandes, les graines de coriandre et les zestes d'oranges. Salez, poivrez et laissez mijoter à feu doux 10 minutes.

Ajoutez le jus d'orange et un filet d'huile d'olive. Poursuivre la cuisson à feu doux pendant 10 minutes Ajoutez la coriandre fraîche avant de servir.

RÉPARTITION DE MENUS ÉQUILIBRÉS

SUR UNE SEMAINE - PRINTEMPS

REPAS	JOUR 1	JOUR 2	JOUR 3
Petit-déjeuner	Thé ou café Porridge de graines de Chia* Poire en dés Pain complet et purée d'amande  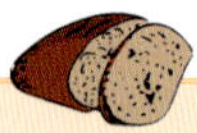	Thé ou café Pain au seigle Beurre Omelette Compote de fruit 	Thé ou café Bol de muesli Lait ou yaourt nature Amandes 
Variante végétale		Purée d'amande Yaourt de soja à la grecque	Lait de soja 
Déjeuner	Carpaccio de radis noir à l'huile d'olive Poulet et fondue de poireaux* Riz complet Salade de fruits de saison 	Pamplemousse Hareng aux pommes de terre, salade frisée et ciboulette* Yaourt fermenté nature 	Salade de carottes et radis rose Curry de poulet au chou-fleur* Riz basmati Pomme 
Variante végétale	Fondue de poireaux, pois chiche et raisins secs	Salade de pommes de terre, haricots rouges aux algues et aux câpres*	Curry de chou-fleur et lentilles corail*
Dîner	Soupe froide de petit pois* Œuf sur le plat Épinards à la crème Yaourt au lait d'amande Kiwi  	Salade de betteraves et graines de courge Quiche aux blettes et au jambon* Poire 	Artichaut vinaigrette Filet de lieu noir Quinoa et légumes rôtis au four* Yaourt fermenté Compote pomme-rhubarbe
Variante végétale	Tofu brouillé*	Tarte aux blettes (avec tofu fumé possible)	Quinoa, légumes au four et amandes concassées

JOUR 4	JOUR 5	JOUR 6	JOUR 7
Thé ou café Porridge d'avoine sans cuisson au thé matcha* Noisette/fruit	 Thé ou café Pain aux céréales Beurre, jambon Fruits secs 	 Thé ou café Pain au levain Purée de cacahuètes Banane Petit-suisse nature	Thé ou café Pancake banane* Sirop d'érable Abricot Yaourt nature 
	Pain aux céréales Tartinade de tofu fumé aux noix de cajou*		
Salade de fenouil Steak haché Gnocchis aux légumes* Faisselles aux fraises	Salade de concombre sauce yaourt Pâtes, asperges et crevettes* Melon 	Taboulé de brocoli et chou-fleur* Bruschetta jambon, tomate, mozzarella Salade verte Compote de fruits	Wrap d'agneau et légumes croquants* Fraise au fromage blanc
Steak végétal aux lentilles*	Pâtes, asperges et haricots blancs	Bruschetta, houmous, tomates et olives* 	Wrap végétarien
Salade de haricots verts, blé, et œuf dur Pamplemousse	Salade de céleri Escalope de dinde Ratatouille Semoule Yaourt nature 	Rouleaux de printemps au thon* Abricot 	 Salade de tomates cerises Saumon poêlé au fenouil et à l'orange Riz complet Pêche
Salade de haricots verts, fève et blé	Mijoté de légume au tempeh*	Rouleaux de printemps végétariens*	Fenouil à l'orange* Lentilles corail

Chapitre 6

RECETTES D'ÉTÉ

FLAN DE COURGETTES AU BASILIC

50 min — 4 à 6 portions

- 1 kg de courgettes coupées en fine rondelle
- 100 g de gruyère râpé
- 8 c-à-s de lait
- 6 œufs
- 20 feuilles de basilic

Préchauffer le four à 180 °C (th 6).

Dans une sauteuse, faites chauffer l'huile et faites revenir les courgettes pendant 10 minutes à feu doux, salez et poivrez.

Dans un saladier, battez les œufs, ajoutez le fromage, les feuilles de basilic, le lait.

Versez les courgettes dans la préparation. Remuez. Placez le tout dans un plat allant au four. Enfournez pour 35 minutes environ.

COURGETTES FARCIES AU SOJA

50 min 4 portions

- 4 courgettes rondes

Pour la farce :

- 100 g de protéine de soja
- 2 c-à-s de tamari ou miso
- 2 c-à-s d'huile d'olive
- 2 oignons émincés
- 2 gousses d'ail hachées
- 4 tomates coupées en dés
- 2 c-à-s de concentré de tomates
- 20 cl de bouillon de légumes
- 1 feuille de laurier
- 2 c-à-c d'herbes de Provence
- 1 petite branche de thym
- Sel et poivre du moulin

Préchauffez four à 180 °C (th. 6).

Dans un saladier, réhydratez les protéines de soja dans le bouillon de légumes chaud, avec la sauce tamari, une gousse d'ail et le concentré de tomates, pendant 15 minutes.

Dans une poêle, faites chauffer l'huile, ajoutez l'oignon et le cuire à feu moyen, jusqu'à ce qu'il devienne translucide. Ajoutez les protéines de soja égouttées, la seconde gousse d'ail pressée, les tomates, le laurier, le thym et les herbes de Provence. Laissez mijoter à feu doux pendant 15 minutes. (Cette préparation peut être servie avec des pâtes).

Creusez les courgettes et retirez les pépins. Garnissez les courgettes de la farce aux protéines de soja. Replacez les chapeaux sur les courgettes et enfournez pour 25 minutes de cuisson.

SOUPE FROIDE DE TOMATES

10 min — 4 portions

- 4 tomates coupées en morceaux
- 1 petit oignon coupé en quatre
- 1 gousse d'ail
- 2 c-à-s d'huile d'olive
- 1 c-à-s de vinaigre
- Sel et poivre du moulin

Mixez tous les ingrédients à l'aide d'un blender ou d'un mixeur en ajoutant de l'eau si besoin.

Gardez au frais jusqu'au moment de servir.

TARTINES DE SARDINES

10 min — 4 portions

- 8 tranches de pain de campagne
- 8 sardines en boîte à l'huile (et au citron)
- 1 citron
- Beurre demi-sel
- Câpres

Coupez le citron en deux. Pressez une moitié afin de recueillir le jus et coupez l'autre en petits quartiers.

Égouttez les sardines. Ouvrez-les délicatement en deux et retirez l'arête centrale.

Faites griller légèrement les tranches de pain. Sur les tartines beurrées, répartissez les filets de sardines, les quartiers de citrons et les câpres égouttés. Arrosez d'un filet de citron et servez tiède.

PORC
FAÇON THAÏ

35 min 4 portions

- 400 g de filet mignon de porc coupé en morceaux
- 1 c-à-s d'huile d'arachide
- 1 oignon émincé
- 1 gousse d'ail écrasée
- 1 carotte coupée en julienne
- 1 courgette coupée en julienne
- 1 poivron coupé en julienne
- 1 c-à-s de sauce soja
- 1 c-à-c de miel
- 1 c-à-c de basilic thaï (facultatif)
- 1 c-à-c de gingembre en poudre

Dans une sauteuse, faites chauffez l'huile et ajoutez l'oignon émincé et l'ail écrasé et laissez mijoter 3 minutes.

Ajoutez la viande coupée en morceaux et laissez cuire 10 minutes à feu vif en remuant.

Ajoutez les légumes et laissez cuire 5 minutes.

Ajoutez la sauce soja et le miel, remuez. Poursuivre la cuisson 5 minutes.

Servez chaud et parsemez de basilic thaï si vous en avez.

SAUTÉ DE POULET ET BROCOLIS

20 min 4 portions

- 400 g de blancs de poulet en lamelle
- 400 g de brocoli en fleurette
- 1 gousse d'ail émincé
- 2 piments rouges coupés en lamelle
- 1 morceau de gingembre de 10 cm haché
- 6 oignons nouveaux émincés
- 6 c-à-s de sauce soja
- 2 c-à-s d'huile d'olive
- 2 c-à-c de graines sésame

Plongez les brocolis pendant une minute dans une grande casserole d'eau bouillante, puis égouttez-les.

Dans une sauteuse, faites chauffer l'huile d'olive, ajoutez la viande, laissez revenir 2 minutes puis réservez dans une assiette. Faites sauter l'ail, les piments, le gingembre et les oignons pendant 4 minutes, puis remettez la viande dans le wok, avec le brocoli, la sauce soja et les graines de sésame. (Vous pouvez ajouter des lentilles ou du riz préalablement cuit.) Mélangez bien le tout, prolongez la cuisson de 2 minutes et servez.

Pour une version végétale, vous pouvez ajouter des lentilles et du riz préalablement cuit après avoir mis la viande ou ajoutez du tofu fumé.

Dans une casserole de 40 cl d'eau bouillante, versez les lentilles. Faites cuire à petite ébullition 10 minutes, puis ajoutez le riz et mouillez avec 30 cl d'eau. Couvrez et faites cuire à feu doux jusqu'à l'absorption complète de l'eau. Remuez de temps en temps et ajoutez un peu d'eau si besoin.

PURÉE D'AUBERGINES

30 min · 4 portions

- 4 aubergines taillées en petits dés
- 1 oignon émincé
- 3 c-à-s d'huile d'olive
- Aromates : ail, thym, laurier
- 13,5 cl d'eau
- Sel et poivre du moulin

Dans une casserole, faites suer l'oignon avec les aromates, l'huile d'olive et un peu de sel. Ajoutez ensuite l'aubergine et l'eau, couvrir et laisser cuire pendant 10 à 15 minutes.

Mixez ensuite les légumes, les saler et les poivrer si nécessaire. Servir bien chaud.

PUDDING DE CHIA

5 min 1 portion

À faire la veille, pour un bol :

- 25 g de graines de chia
- 250 ml de lait d'amande
- ½ c-à-c de vanille en poudre
- 1 c-à-s de sirop d'érable ou d'agave

Dans un bol, versez les graines de chia, ajoutez le lait.

Mélangez avec la vanille et le sucrant liquide.

Filmez et placez au réfrigérateur toute la nuit. Dégustez le pudding au petit-déjeuner.

CHILI CON CARNE

35 min 4 portions

- 1 oignon émincé
- 1 gousse d'ail hachée
- 400 g de viande hachée
- 400 g de haricots rouges en boîte
- 6 tomates pelées
- 2 cuillères à café de chili (ou faites votre mélange selon vos goûts avec du paprika, cumin, piment de Cayenne...)
- Sel et poivre du moulin
- 2 c-à-s d'huile d'olive

Faites chauffer l'huile dans une cocotte, faites fondre l'oignon et l'ail.

Ajoutez la viande hachée, la laisser prendre couleur. Ajoutez la poudre à chili (suivant les goûts, plus ou moins pimenté) ou ajoutez les épices que vous aimez.

Égouttez les haricots et versez-les dans la cocotte avec les tomates.

Remuez et assaisonnez. Laissez frémir 20 minutes.

Pour une variante végétale, retirez la viande hachée. Vous pouvez aussi la remplacer par des protéines de soja texturées.

CURRY EXPRESS TEMPEH

25 min — 4 portions

- 400 g de tempeh coupé en cube
- 2 échalotes hachées
- 2 carottes hachées
- 2 c-à-s d'huile d'olive
- 400 ml lait de coco
- 3 c-à-c de pâte de curry (selon le piment)
- 2 c-à-s de tamari (sauce soja)
- Une poignée de persil, coriandre ou épinards

Dans une casserole, faites revenir les échalotes et la carotte dans l'huile d'olive pendant 5 minutes sur feu doux. Ajoutez le tempeh et faites-le revenir sur feu moyen pendant 2 minutes. Ajoutez ensuite le lait de coco, la pâte de curry et le tamari.

Portez à ébullition, réduisez sur feu doux, couvrez et laissez cuire pendant 10 minutes. Ajoutez les herbes. Servez.

PAIN À LA BANANE ET AUX NOIX DE CAJOU

50 min 4 portions

Pour un moule à cake de 22 x 10 cm :

- 250 g de bananes
- 120 g d'amandes moulues
- 90 g de noix de cajou
- 30 g de beurre d'amandes
- 3 œufs

Préchauffer le four à 180 °C. Écrasez les bananes. Battez les œufs avec les amandes et la purée d'amandes. Incorporez les bananes et les noix de cajou.

Répartir dans le moule. Enfournez 40 minutes.

Laissez tiédir. Démoulez et laissez refroidir sur une grille.

Vous pouvez remplacer les noix de cajou par d'autres fruits oléagineux au choix (noix, noix de pécan, noisettes, pistaches…).

Ajoutez des fruits secs si vous le souhaitez (dattes, figues séchées, raisins secs, cranberries…).

SAUMON AU SÉSAME ET AUX BLETTES

30 min — 4 portions

Pour la marinade :

- 2 c-à-s de sauce soja
- 2 c-à-s d'huile de sésame
- 4 c-à-s de graines de sésame toastées
- 1 c-à-s d'huile olive ou sésame
- 2 c-à-s de jus de citron

- 4 dos de saumon
- 800 g de feuilles de blettes
- 2 gousses d'ail
- 4 c-à-s de sauce soja

Dans un bol, mélangez la sauce soja, le jus de citron, l'huile de sésame et les graines de sésame. Enrobez le saumon de ce mélange et réservez.

En attendant, lavez et coupez les blettes en lamelles. Hachez l'ail.

Dans un wok, faites revenir les blettes avec l'ail et la sauce soja. Poursuivez la cuisson 8 minutes environ.

Dans une poêle, faites griller le saumon sur les deux faces (1 minute par face) jusqu'à ce qu'il soit bien grillé mais toujours presque cru à l'intérieur.

Baissez sur feu doux, couvrez et poursuivez la cuisson jusqu'à ce que les blettes soient cuites.

TOFU
SAUCE SOJA

35 min 4 portions

- 400 g de tofu ferme nature coupé en cube
- 4 c-à-s de sauce soja (tamari)
- 1 morceau de gingembre (un cube d'environ 2 cm de côté) pelé et finement ciselé
- 2 c-à-s d'huile de cuisson (olive, coco)

Dans un bol, mélangez la sauce soja avec 1 c-à-s d'huile et le gingembre. Versez sur les dés de tofu, couvrez et laissez mariner au frais pendant 30 minutes minimum. Remuez le tofu deux fois en cours de marinade.

Égouttez. Dans une poêle, faites chauffer l'huile, ajoutez le tofu. Faites griller le tofu. Quand les cubes sont bien dorés, servir sans attendre.

RÉPARTITION DE MENUS ÉQUILIBRÉS

SUR UNE SEMAINE - ÉTÉ

REPAS	JOUR 1	JOUR 2	JOUR 3
Petit-déjeuner	Thé ou café Granola, fromage blanc au lait ou au soja Fruit Noix de cajou Sirop d'agave 	 Thé ou café Œuf brouillé Haricot blanc sauce tomate Tomates cerises	Thé ou café Pain complet Beurre de cacahuète Confiture Pêche 
Variante végétale		Tofu brouillé	
Déjeuner	Salade de navets au miel Escalope de dinde aux poivrons Spaghetti Pêche 	Soupe froide aux tomates* Tartines de sardines au citron et aux câpres* Salade haricots verts Abricot	Salade de carottes râpées au cumin Sauté de poulets au brocoli*et lentilles vertes Brochette de fruits 
Variante végétale	Spaghetti aux poivrons et petits pois	Tartine d'avocat et légumes Salade de pois chiches au cumin*	Sauté de brocoli, riz et lentilles vertes
Dîner	Taboulé Flan de courgettes au basilic* Yaourt Fraise  	 Salade verte Porc façon thaï* Pâte de riz Poire	Coleslaw Colin au four Purée d'aubergines à la coriandre et pommes de terre* Fromage blanc nature Pastèque 
Variante végétale	Courgettes farcies au soja*	Pad thaï au tofu	Panisse

JOUR 4	JOUR 5	JOUR 6	JOUR 7
Thé ou café Pain de seigle Beurre Saumon fumé Salade de fruits	Thé ou café Muesli aux fruits frais Yaourt de coco Noisettes  	 Thé ou café Pudding de flocons de millet Fruits frais et noix de cajou 	Matcha latte Pain aux bananes et noix de cajou* Yaourt grec et fruits rouges 
Pain et purée d'amandes Pudding de chia*			
Salade complète avec œuf mollet Fruits rouges	Salade de fenouil Colin et printanière de légumes Brugnon 	 Salade complète crudités et jambon Figues fraîches	Pastèque Brochettes de viandes et de légumes Salade fraîcheur Tarte abricot
Lentille corail à la place de l'œuf	Printanière de légumes (pommes de terre primeur, petits pois, carottes, navet)	Salade de fèves et crudités 	Brochette de tofu ou tempeh et légumes Salade
Poireaux vinaigrette Chili con carne* Riz Melon 	Salade de tomate Escalope de veau grillé Curry de courgettes au lait de coco Pâtes Pastèque	Radis rose Gambas sautées à l'ail Ratatouille Millet 	Salade concombre Pavé de saumon aux sésames* Riz sauvage Blettes sauce soja Prunes
Chili sin carne	Curry de tempeh express*	Ratatouille et pois chiche	Tofu sauce soja*

Chapitre 7

RECETTES D'AUTOMNE

PORRIDGE DE QUINOA

25 min 2 portions

- 60 g de quinoa
- 18 cl de lait (vache ou amande)
- 1 c-à-c de cannelle en poudre
- 2 c-à-c de vanille en poudre
- 1 c-à-s de graine de lin
- 2 pommes râpées avec leur peau
- 2 dattes coupées en petits morceaux
- 2 c-à-s de sucrant liquide (miel, agave)
- 1 c-à-s de baies de goji séchées
- 1 c-à-s de pistaches décortiquées, concassées

Rincez le quinoa dans une passoire, puis mettez-le dans une casserole. Ajoutez le lait, la cannelle et la vanille. Portez à frémissements, baissez le feu au minimum, couvrez et laissez cuire 15 à 20 minutes, le quinoa doit absorber tout le liquide.

Retirez du feu et ajoutez les graines de lin, les pommes, les dattes, 1 c-à-c de sucrant liquide. Mélangez.

Dressez le porridge dans un bol, parsemez de baies de goji, pistaches et nappez de sucrant liquide de votre choix.

POULET À LA SAUCE VERTE

30 min — 4 portions

- 4 blancs de poulet
- 800 g de haricots blancs en conserve
- 100 g de roquette

Pour la sauce :

- 1 citron pressé
- 1 c-à-s de câpres
- 1 poignée de persil
- 1 poignée de basilic
- ½ gousse d'ail
- 1 c-à-c de moutarde
- 2 c-à-s d'huile d'olive

Préparez la sauce : mixez les câpres, le jus de citron, les herbes, l'ail, la moutarde et l'huile d'olive ensemble. Ajoutez de l'eau si le mélange est trop épais.

Dans une poêle, faites chauffer de l'huile et faites griller le poulet des deux côtés jusqu'à ce qu'il soit cuit. Dans une casserole, faites réchauffer les haricots blancs et égouttez-les. Versez-les dans un saladier avec la roquette et versez la moitié de la sauce. Gardez l'autre moitié de la sauce pour napper la viande.

PAD THAÏ

35 min   4 portions

- 250 g de nouilles de riz chinoises
- 1 poivron rouge coupé en lanière
- 1 carotte râpée
- 1 oignon émincé
- 1 gousse d'ail émincé
- 80 g de pois gourmands
- ½ bouquet de coriandre ciselé
- 1 c-à-s de germes de soja blanchis
- 1 c-à-s d'huile de sésame
- 4 c-à-s de bouillon de volaille
- 1 c-à-s de gingembre frais pelé (et haché finement)
- 1 trait de sauce soja
- ½ tasse de cacahuètes grillées (et concassées)
- 1 citron vert coupé en quartier

Faites cuire les nouilles de riz dans une casserole d'eau bouillante salée selon le temps indiqué sur l'emballage. Passez-les sous l'eau froide et égouttez-les.

Dans un wok, faites chauffer l'huile et faites revenir quelques minutes l'oignon, l'ail, les lanières de poivrons, les pois gourmands, les germes de soja blanchis et les carottes.

Versez le bouillon. Laissez cuire 5 minutes, tout en remuant. Parsemez de gingembre. Arrosez de sauce soja. Ajoutez les cacahuètes et les nouilles et mélangez à feu doux, une minute.

PATATES DOUCES AU FOUR ET POIS CHICHES

50 min 4 portions

- 4 patates douces
- 400 g de pois chiches (poids net cuits)
- 2 c-à-c de cumin
- 2 pincées de graines de cumin
- 2 c-à-s de quatre épices : cannelle, gingembre, girofle, muscade
- 1 c-à-c de paprika
- 1 filet d'huile d'olive
- 4 c-à-c de menthe ciselée
- Sel et poivre du moulin

Pour la sauce tahini :

- 2 c-à-s de jus de citron
- 2 yaourts grecs, nature, ou de soja
- 2 c-à-s de tahine (crème de sésame)
- 2 c-à-c de cumin
- Cranberries, noix, graines de courge, amandes... (facultatif)

Préchauffez le four à 200 °C.

Coupez les patates douces en deux dans le sens de la longueur.

Déposez-les dans un plat allant au four avec la chair des patates contre le plat.

Versez les pois chiches égouttés par-dessus. Dispersez les épices par-dessus et un filet d'huile d'olive.

Enfournez pendant 40 minutes à 200 °C en surveillant la cuisson.

En fin de cuisson, préparez la sauce. Dans un bol, mélangez le yaourt, le tahine (crème de sésame) et le jus de citron. Mélangez, ajoutez les épices, sel, poivre si besoin et mélangez à nouveau. Ajustez l'assaisonnement selon vos goûts.

Dressez dans une assiette une demi-patate douce, ajoutez la sauce et parsemez de pois chiches et de menthe. Ajoutez des noix, cranberries, graines de courge etc.

SOUPE DE NOUILLES SOBA

25 min 4 portions

- 400 g de filets de dinde émincés
- 1,5 l de bouillon de légumes
- 3 cm de gingembre frais pelé et râpé
- 2 petites gousses d'ail écrasées
- 100 g de nouilles de soba (nouilles de sarrasin)
- 6 oignons nouveaux finement émincés
- 6 champignons de Paris émincés
- 2 petit chou bok choy émincés en lanières
- 100 g de pois gourmands coupés en deux
- 8 mini-épis de mais
- 5 c-à-c de sauce miso
- 4 c-à-c de sauce soja
- 2 pincées de piments d'Espelette
- 4 c-à-s de coriandre fraîche ciselée

Versez le bouillon dans une grande casserole, ajoutez le gingembre, l'ail et la dinde et portez à frémissements, laissez cuire à feu doux 10 minutes.

Ajoutez les nouilles soba, les oignons nouveaux, les champignons, le chou bok choy, les pois gourmands et les mini-épis de maïs. Faites reprendre l'ébullition, laissez frémir 3 minutes.

Déposez 1 c-à-c de sauce miso dans chacun des 4 bols de service, délayez avec très peu de bouillon, répartissez la sauce soja entre les bols. Puis répartissez le bouillon et les ingrédients dans les bols, saupoudrez de piments si vous le souhaitez et de la coriandre.

Pour la variante végétale, ajoutez 400 g de tofu coupé en cubes en même temps que les nouilles de soba.

CRUMBLE DE POIREAUX AUX NOIX

45 min 4 portions

- 6 poireaux émincés
- 50 g de cerneaux de noix hachés
- 40 g de farine T80
- 40 g de flocon d'avoine
- 40 g de purée de noix de cajou
- 2 c-à-s d'huile d'olive
- 2 c-à-c de moutarde
- ¼ de c-à-c de curcuma en poudre
- 100 ml de crème liquide 4 % de MG ou végétale
- 200 g de jambon ou 200 g de tofu

Cuire les poireaux émincés à la vapeur pendant 15 minutes Pendant ce temps, hachez les cerneaux de noix et les mélanger avec la farine et les flocons. Salez puis incorporer la purée de noix de cajou, l'huile, la moutarde et le curcuma.

Préchauffez le four à 180 °C (th 6). Placez les poireaux dans un plat à gratin. Mélangez avec la crème. (Ajoutez les dés de jambon ou dés de tofu fumé.) Assaisonnez si nécessaire. Répartir la pâte à crumble dessus et enfourner pour 30 minutes.

SOUPE DE CAROTTES À L'ORANGE

50 min 4 portions

- 1 kg de carottes coupées en rondelle
- 2 oignons émincés
- 1 gousse d'ail hachée
- 1 jus d'orange non traitée
- 1 cube de bouillon de légumes
- 50 cl d'eau
- 2 c-à-s d'huile de colza
- Sel et poivre du moulin

Faites chauffer l'huile dans une cocotte.

Ajoutez les carottes, les oignons et l'ail. Laissez cuire 10 minutes sans colorer, en mélangeant souvent. Versez le cube de bouillon et l'eau.

Couvrez et laissez mijoter 20 à 30 minutes (les carottes doivent être tendres).

Ajoutez le jus d'orange. Mixez la soupe.

RISOTTO DE QUINOA À LA BETTERAVE

35 min — 4 portions

- 3 betteraves crues moyennes râpées grossièrement à la mandoline
- 2 c-à-s d'huile d'olive
- 1 oignon haché
- 2 gousses d'ail écrasées
- 300 g de quinoa
- 1 c-à-s de thym effeuillé
- 1 l de bouillon de légumes chaud
- 1 citron
- Sel et poivre du moulin

Faites chauffer l'huile d'olive dans une sauteuse, ajoutez l'oignon et l'ail et faites suer 5 minutes en mélangeant régulièrement.

Ajoutez le quinoa et la betterave râpée, mélangez puis parsemez de thym. Arrosez de bouillon progressivement, louchée après louchée, et laissez cuire à feu doux jusqu'à ce que le quinoa soit cuit : comptez 20 à 25 minutes de cuisson.

Râpez finement le zeste du citron, puis pressez le citron pour recueillir le jus. Incorporez zeste et jus dans le risotto, rectifiez l'assaisonnement.

SOUPE DE VOLAILLE AUX VERMICELLES DE RIZ

25 min | 4 portions

- 400 g de filets de dinde coupés en lamelles
- 2 échalotes émincées
- 1 poireau émincé
- 2 carottes coupées en fines rondelles
- 1 gousse d'ail hachée
- 1 petit morceau de gingembre frais émincé
- 2 l de bouillon de poule
- 6 c-à-s de sauce soja
- 2 c-à-s de vinaigre de riz
- 2 pincées de piment d'Espelette
- 4 branches de coriandre ciselées
- 200 g de vermicelles de riz
- Graines de sésame

Dans une sauteuse, faites chauffer l'huile et ajouter l'échalote, le poireau, la carotte pendant 5 minutes Ajoutez le bouillon de poule, l'ail et le gingembre émincé, la sauce soja, le vinaigre de riz, la coriandre, le piment d'Espelette.

Portez à petite ébullition, à couvert pendant 15 minutes.

Ajoutez les vermicelles, laissez cuire pendant quelques minutes.

TOFU BROUILLÉ AUX CHAMPIGNONS ET ÉPINARDS

25 min 4 portions

- 2 c-à-s de levure maltée
- 1 c-à-c de paprika
- 1 c-à-c de cumin en poudre
- 1 c-à-c de curcuma
- 1 c-à-s d'huile d'olive
- 500 g de champignons coupés en lamelles
- 1 bonne poignée de pousses d'épinards
- 1 oignon émincé
- 2 gousses d'ail émincées
- 400 g de tofu ferme nature

Émiettez le tofu dans un bol à l'aide d'une fourchette. Ajoutez les épices et mélangez.

Dans une poêle, faites chauffer l'huile d'olive, ajoutez les oignons et faites cuire pendant 2 minutes.

Ajoutez les champignons, l'ail et les épinards, faites cuire à nouveau pendant 6 minutes. Ajoutez le tofu. Laissez cuire pendant 2 minutes en mélangeant. Servir.

AÏOLI FACILE

50 min — 4 portions

- 4 dos de cabillaud
- 2 œufs durs
- 2 pommes de terre coupées en 4
- 1 carotte coupée en bâtonnets
- 1 courgette coupée en bâtonnets
- 1 chou-fleur ou brocoli en fleurette
- 1 citron jaune
- 1 cube de bouillon de légumes

Pour l'aïoli :

- 2 jaunes d'œuf
- 20 cl d'huile d'olive
- ½ c-à-c de moutarde
- 1 trait de jus de citron
- Sel et poivre du moulin

Pour faire la sauce : dans un bol, ajoutez les gousses d'ail pressées (ou écrasez-les avec un pilon).

Ajoutez les jaunes d'œufs, le citron. Terminez par ajouter la moutarde. Mélangez, salez et poivrez.

Ajoutez l'huile petit à petit en mélangeant jusqu'à obtenir une sauce épaisse. Couvrez de film alimentaire et placez au frais.

Faites cuire tous les légumes à la vapeur pendant une vingtaine de minutes.

Portez à ébullition un grand volume d'eau filtrée avec le cube de bouillon. Pochez-y le poisson pendant 8 à 10 minutes.

Servez le tout sur un grand plat avec des quartiers de jus de citron et l'aïoli bien frais.

POKE BOWL

25 min — 4 portions

- 200 g de semoule complète
- ½ concombre
- 4 poignées de chou vert
- Vinaigre balsamique
- 4 brins de ciboulette
- 200 g de crevettes roses
- 1 kaki
- 1 oignon rouge
- 2 avocats
- 1 citron
- 4 c-à-s de graines mélangées
- 4 c-à-s d'huile d'olive

Faites cuire la semoule. Décortiquez les crevettes. Émincez très finement le chou. Coupez les kakis en quartiers et retirez la peau. Coupez le concombre en bâtonnets. Pelez l'oignon et coupez-le en fines rondelles. Coupez la chair des avocats en dés et arrosez-les de jus de citron. Répartissez tous les ingrédients dans quatre bols, assaisonnez de sel et de poivre, d'huile d'olive et de balsamique blanc et parsemez de graines et de ciboulette.

Pour une version végétale, remplacez les crevettes par des légumineuses (pois chiches ou lentilles…).

NOIX DE VEAU
À LA CRÈME

25 min 4 portions

- 400 g de noix de veau
- 2 carottes coupées en fines rondelles
- 6 champignons de Paris émincés
- 2 c-à-s de crème fraîche liquide ou soja
- 2 c-à-s d'huile
- 1 c-à-s de moutarde
- Sel et poivre du moulin

Coupez la noix de veau en gros dés.

Dans une poêle, faites chauffer l'huile, ajoutez les noix de veau et faites-les dorer 3 minutes. Ajoutez les carottes, les champignons émincés, prolongez la cuisson 5 à 6 minutes. Ajoutez la crème et la moutarde, mélangez. Baissez le feu, poursuivre la cuisson 15 minutes en rajoutant un peu d'eau si nécessaire. Rectifiez l'assaisonnement en fin de cuisson.

VELOUTÉ
DE LÉGUMES VERTS

20 min 4 portions

- 2 c-à-s d'huile d'olive
- 2 poireaux finement émincés
- 4 gousses d'ail écrasées
- 80 cl de bouillon de légumes
- 1 brocoli détaillé en fleurette
- 1 courge coupée en rondelles
- 100 g de petits pois écossés
- 100 g d'épinards
- 100 g de kale, sans côtes
- Jus de 2 citrons
- Sel et poivre du moulin

Faites chauffer l'huile d'olive dans un faitout, ajoutez les poireaux et faites suer 5 minutes à feu moyen. Ajouter l'ail et mélangez sur le feu.

Arrosez avec le bouillon, portez à frémissements, puis ajoutez les fleurettes de brocoli et les rondelles de courgette et laissez cuire 3 à 4 minutes.

Ajoutez les petits pois, les épinards, le kale et le jus de citron et prolongez la cuisson 2 à 3 minutes : les épinards et le kale doivent être ramollis.

Mixez avec un mixeur plongeant, puis rectifiez l'assaisonnement si nécessaire avant de servir.

RÉPARTITION DE MENUS ÉQUILIBRÉS

SUR UNE SEMAINE - AUTOMNE

REPAS	JOUR 1	JOUR 2	JOUR 3
Petit-déjeuner	 Thé ou café Porridge au quinoa et baies de goji*	Thé ou café Œuf brouillé et saumon fumé Pain complet Beurre Compote pomme-coing 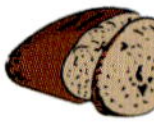	 Thé ou café Granola Lait de vache ou végétal Myrtilles
Variante végétale		Tofu brouillé	
Déjeuner	Salade de tomates Poulet à la sauce verte et aux haricots blancs* Melon 	Artichaut vinaigrette Flétan papillote Patate douce Figue fraîche	Salade de chou rouge Vinaigrette à l'huile de colza Crumble de poireaux aux noix et au jambon* Kaki 
Variante végétale	Salade automnale aux haricots blancs	Patates douces et pois chiches aux épices au four*	Crumble de poireaux aux noix et tofu fumé
Dîner	Salade de concombres Omelette aux herbes Curry d'aubergines à la tomate* Boulgour Pêche 	 Carpaccio de courgettes Soupe de nouilles soba à la dinde* Raisin	Velouté de carottes à l'orange* Tagliatelles au thon Haricots verts Yaourt 
Variante végétale	Tofu fumé	Soupe de nouilles soba au tofu	Tagliatelle aux haricots rouges

JOUR 4	JOUR 5	JOUR 6	JOUR 7
Thé ou café Pain aux figues et noix Fromage de chèvre Miel	 Thé ou café Pain complet Purée de noisette avec poire en tranche Yaourt fermenté	Thé ou café Porridge d'avoine Fruits frais et oléagineux (noix, amande…)	Thé ou café Smoothie banane, kiwi, gingembre Pancake à la farine de châtaigne, crème de marrons et noix de pécan
Concombre à la menthe Côtelette d'agneau Risotto de quinoa à la betterave* Pomme à la cannelle 	Aïoli facile* Compote de fruits 	 Poke bowl légumes d'automne et crevettes*	Steak au poivre Purée de céleri et poire Yaourt nature 
Risotto de quinoa à la betterave*et noisettes concassées	Aïoli aux lentilles blondes	Poke bowl végétal	Steak de lentilles
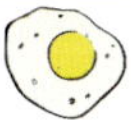 Radis Œuf au plat Poêlée de champignons et épinards Boulgour Raisin	 Salade frisée Poulet grillé Polenta crémeuse et butternut*	 Soupe de panais Noix de veau, carottes et crème* Riz semi-complet Kiwi 	Velouté de légumes verts* Galettes de sarrasin saumon-épinard Carpaccio d'oranges 
Tofu brouillé, champignons et épinards*	Tofu mariné au soja	Lentilles corail forestières	Soupe de pois cassé Galette sarrasin épinard-champignon

PARTIE 6

11 IDÉES D'ENCAS POUR LA COURSE

De la Préhistoire au *food porn*, il y en a pour tous les goûts ! Vous trouverez dans ce chapitre des recettes adaptées aux traileurs. Partisan de la simplicité et des aliments « efficaces », je n'en reste pas moins épicurien. Toutes ces préparations sont donc gourmandes, rapides à réaliser et dans un format pratique à transporter. Les ingrédients se trouvent aisément et vous pourrez adapter les recettes à vos goûts : faites-vous plaisir !

GÂTEAU MAGIQUE

Sucré

10 min · 40 min · 4 portions

- 250 g de farine de blé blanche T45
- 125 g de farine de riz
- 2 cuillères à café de poudre de baobab (à trouver partout en magasin bio)
- 150 g de miel liquide
- 1 cuillère à soupe d'huile d'arachide
- 1 cuillère à soupe de poudre d'amande
- 1 cuillère à soupe de poudre de noisettes
- 500 ml de lait UHT
- 20 g de figues séchées coupées en morceaux
- 1 cuillère à soupe de pignons de pins
- 80 g de raisins secs
- 1 sachet de levure chimique
- 20 g d'abricots séchés coupés en morceaux

Mélangez énergiquement l'ensemble des ingrédients dans un saladier. Puis verser la préparation dans un moule à cake huilé et fariné. Cuire 40 minutes à 180 °C. Vérifiez la cuisson avec la pointe d'un couteau enfoncée dans le gâteau : si elle ressort propre, alors c'est cuit. Laissez refroidir avant de démouler.

QU'EST-CE QUE LA POUDRE DE BAOBAB ?

La pulpe du fruit de baobab est réduite en poudre. C'est un puissant antioxydant riche en ions et minéraux. Le sport à haute intensité augmente le stress oxydatif et le vieillissement prématuré de l'organisme. Aussi, dans le cadre de l'alimentation pour sportif, on recommande de consommer des antioxydants.

ENERGY BALLS
Figues & Amandes

Sucré

15 min — 17 balls

Le concept de la Ball est de n'en faire qu'une bouchée. Ce sont des boulettes Raw Food, d'environ 15 g, qui constituent des portions prêtes à consommer et faciles à transporter.

- 150 g de figues séchées
- 100 g d'amandes fraîches
- 1 cuillère à soupe de farine de châtaigne
- 1 cuillère à café de beurre d'amande

Trempez éventuellement les figues dans l'eau tiède pour les ramollir. Mixez le tout au mixeur. Formez les balls avec vos mains. Cette recette est adaptée aussi bien en été qu'en hiver.

ENERGY BALLS
Tomates & Cacahuètes

Salé

15 min 18 balls

- 125 g de dattes
- 80 g d'amandes grillées salées
- 30 g de cacahuètes grillées
- 1 cuillère à café de sel
- 2 cuillères à soupe d'huile de coco désodorisée
- 30 g de concentré de sauce tomate
- 1 cuillère à café de graines de sésame
- Chapelure de pain dur

Trempez éventuellement les dattes dans l'eau tiède pour les ramollir.

Mixez avec le reste des ingrédients dans un mixeur pour obtenir une pâte homogène. Formez des balls bien denses et roulez-les dans la chapelure à la main. Réservez une heure au réfrigérateur avant de vous régaler. Cette recette est adaptée en été comme en hiver.

ENERGY BALLS
Cranberries & Quinoa

Sucré

15 min 13 balls

- 50 g de quinoa cuits nature
- 50 g de flocons d'avoine
- 40 g de beurre de cacahuète
- 40 g de cranberries séchées
- 20 g de pâte d'amande
- 1 cuillère à soupe de lait de coco
- 1/2 cuillère à soupe de cannelle en poudre
- 1 gousse de vanille

Mixez au mixeur tous les ingrédients de sorte à obtenir un mélange pâteux mais pas trop collant.

Roulez les balls et réservez une heure au réfrigérateur. Cette recette gourmande sera plutôt adaptée en hiver grâce au beurre de cacahuète. En été, les balls pourraient coller aux doigts.

BARRES ÉNERGISANTES

Choco & Coco

Sucré

15 min — 20 min — 15 barres

Les portions d'environ 30 g, dans un format traditionnel en « barre », sont pratiques à manger comme à transporter.

- 150 g de pépites de chocolat noir
- 100 g d'amandes concassées
- 1/2 cuillère à café de cannelle en poudre
- 100 g de coco râpée non sucrée
- 50 g de grains de quinoa
- 2 cuillères à soupe de miel liquide
- 1 cuillère à soupe de beurre d'amande
- 100 g de flocons d'avoine
- 1 pincée de sel
- 100 g de sucre en poudre blanc
- 2 blancs d'œufs

Préchauffez le four à 180°. Mélangez vigoureusement dans un saladier les œufs, le sucre, le coco, le sel et la cannelle. Y incorporer le miel préalablement fondu au bain-marie et le beurre d'amande.

Versez sur l'amalgame l'avoine, le quinoa et les amandes, en mélangeant bien.

Étalez l'ensemble de la préparation avec 1,5 centimètre d'épaisseur sur une plaque recouverte de papier sulfurisé. Laissez cuire 20 minutes. À la sortie du four, répartissez le chocolat fondu au bain-marie, sur le dessus pour faire un nappage. Laissez refroidir 2 heures avant de découper la grande plaque en barres individuelles.

Idéal pour toutes les saisons ! En été, pour éviter que ça ne colle aux doigts, vous pourrez réaliser la recette sans le nappage en chocolat.

BARRES ÉNERGISANTES
Baobab & Citron

Sucré

15 min 12 barres

- 300 g de dattes
- 10 cl de jus de citron
- 100 g de noisettes
- 15 g de poudre de baobab (à trouver en magasins bio)

Trempez éventuellement les dates dans l'eau tiède pour les ramollir.

Mixez-les avec le reste des ingrédients dans un mixeur pour obtenir une pâte homogène. Étalez ensuite avec une épaisseur de 1,5 cm, puis découpez vos barres et réservez une heure au réfrigérateur. Très bien en été comme en hiver.

BARRES ÉNERGISANTES
Pistache & Gingembre

Salé

15 min — 15 barres

- 200 g de dattes séchées
- 100 g de noix de Cajou
- 50 g de noix
- 50 g de pistaches grillées salées
- 50 g de pignons de pin
- 1,5 cuillère à café de sel
- 2 cuillères à soupe d'huile de coco désodorisée
- 1 cuillère à soupe de gingembre en poudre

Trempez éventuellement les dattes dans l'eau tiède pour les ramollir.

Mixez l'ensemble des ingrédients pour obtenir une pâte. Étalez le mélange avec une épaisseur de 1,5 cm puis découpez ensuite vos barres. Réservez une heure au réfrigérateur. Cette recette originale est à consommer en été comme en hiver.

PAIN D'ÉPICES BOOST

Sucré

30 min | 1 heure | 6 portions

- 250 g de miel
- 2 œufs
- 10 cl de lait
- 1 cuillère à café de quatre épices
- 1 cuillère à café de cannelle en poudre
- 250 g de farine de blé blanche
- 100 g de sucre en poudre
- 1 sachet de levure chimique
- 1 sachet de sucre vanillé
- 1 cuillère à café de muscade râpée
- 1 cuillère à café de gingembre en poudre
- 2 cuillères à café de poudre de baobab (à trouver partout en magasin bio)

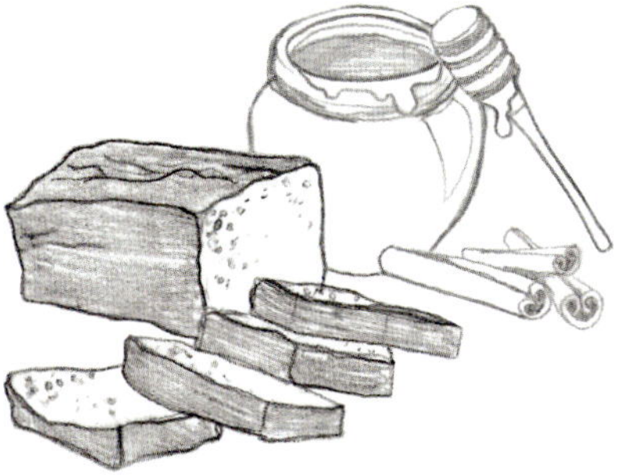

Mélangez la farine avec la levure chimique, les deux sucres et les épices et le baobab.

Ajoutez le miel préalablement chauffé au bain-marie. Incorporez petit à petit les œufs puis le lait pour amalgamer le tout.

Préchauffez le four à 160 °C. Versez la préparation dans un moule à cake huilé et fariné. Enfournez et laissez cuire pendant une heure. Vérifiez la cuisson avec la pointe d'un couteau enfoncée dans le gâteau : si elle ressort propre, alors c'est cuit. Démoulez le pain d'épices lorsqu'il a totalement refroidi. Régalez-vous en été comme en hiver.

BOISSON MAGIQUE

Sucré

15 min 500 ml

- 3 cuillères à café de thé vert
- 500 ml d'eau de source
- 2 cuillères à café de miel liquide
- 2 cuillères à café de sirop d'agave
- 1 poignée de feuilles de menthe fraîche
- 1 pincée de bicarbonate de sodium
- 20 g de maltodextrines (achetées en pharmacie)

QUE SONT LES MALTODEXTRINES ?

Ni plus ni moins qu'un ensemble de sucres extraits de l'amidon de blé, de maïs ou de pomme de terre.

Infusez le thé et la menthe dans l'eau à 60 °C pendant 5 minutes, puis ajoutez le reste des ingrédients. Adapté en été comme en hiver.

CITRONNADE ISOTONIQUE

Sucré

10 min 500 ml

- Jus d'un gros citron
- 500 ml d'eau de source
- 20 g de maltodextrines (achetées en pharmacie)
- 1 pincée de bicarbonate de sodium
- 1 cuillère à soupe de miel liquide

Mélangez simplement tous les ingrédients pour faire la citronnade isotonique maison ! Rafraîchissante, la citronnade est très agréable en été.

SOUPE MISO

Salé

5 min 500 ml

- 1 cuillère à soupe de pâte miso blanc
- 2 cuillères à café de sauce soja salée
- 500 ml d'eau de source

Mélangez le tout dans l'eau tiède.

Cette boisson est adaptée en hiver quand elle peut être conservée chaude dans une bouteille isotherme.

CONCLUSION

Dans un souci de performance sportive pour la pratique de l'endurance, nous avons abordé dans ce guide la notion de qualité des aliments, liée à leur composition, bien entendu, mais aussi à deux indicateurs utiles à connaître : l'Index Glycémique (IG) et l'indice PRAL. L'objectif d'une alimentation soignée est de prévenir la survenue de pathologies : hypoglycémie, troubles digestifs, tendinite, etc.

Nous avons vu que la digestion mettait en œuvre plusieurs filières pour produire de l'énergie. Chacune de ses filières utilise des sources de nutriments différentes. Ainsi, il est crucial d'avoir une alimentation variée et complète en glucides, lipides et protéines. D'une part, la filière anaérobie qui sera la plus efficace au début de l'effort, utilisera vos petites réserves de glycogène (stock de glucides), qui devra être reconstitué tout au long de la course ou de l'entraînement. En revanche, sur une épreuve de trail plus longue, ce stock ne sera pas suffisant, et la graisse, à quantité équivalente, contient davantage d'énergie. Donc il est aussi important de disposer d'un stock de lipides, qui permettra à la filière aérobie de prendre le relais et de tenir l'endurance.

Cependant, vous n'ingérerez pas ces nutriments au même moment, ni en même quantité, avant, pendant ou après l'effort : on parle alors de chrononutrition. Pendant l'entraînement, veillez à constituer vos stocks de lipides et de glycogène, en mangeant à la fois des aliments à IG faible et des aliments à IG élevé, de préférence non issus de l'industrie agroalimentaire et les plus naturels possibles. Juste avant l'épreuve, évitez les aliments pouvant troubler la digestion, tels que les aliments acides (à indice PRAL élevé), par exemple, le café, les jus de fruits, l'alcool, le lait, les aliments gras, les viandes, et préférez les aliments à IG faible. Pensez donc à consulter l'IG des aliments que vous ingérerez, en apportant une attention tout aussi grande à leur préparation (cuisson, broyage, etc.). Les recettes de ce livre ont été pensées à cet effet, n'hésitez pas à vous en inspirer !

Pendant l'épreuve, l'alimentation, tant solide, que liquide, devra être régulière et régulée, afin de renouveler en permanence l'énergie consommée. N'hésitez pas à mettre une alarme sur votre montre par exemple ! C'est-à-dire qu'on choisira des aliments solides à IG faible à moyen, comme les fruits secs, qui permettront de maintenir une glycémie relativement constante, ce qui nécessitera également un moindre effort énergétique de digestion. Les gels et autres aliments chimiques pourront vous dépanner, mais je vous conseille d'éviter d'en faire un usage systématique. Préférez la préparation rapide des recettes simples et naturelles de la partie 6 de ce livre. De même, pensez à emporter deux boissons : une hypotonique pour accompagner l'ingestion des aliments solides et une isotonique pour compenser la perte de sels minéraux.

Ne négligez pas non plus la période de récupération, en vous hydratant en quantité, et en mangeant ce qui votre corps réclame et qui vous fait plaisir. Enfin, de manière générale, n'oubliez jamais que l'hydratation est votre meilleure alliée !

GLOSSAIRE

Acide alphalinolénique (ALA) : Acide gras polyinsaturé de la famille des oméga-3.

Acide aminé : Composant principal des protéines.

Acide docosahexaénoïque (DHA) : Acide gras polyinsaturé de la famille des oméga-3.

Acide gras (AG) : Catégorie de lipide que l'on retrouve notamment dans les graisses animales et les huiles végétales.

Acide gras mono-insaturé (AGMI) : Acide gras qui comporte une seule double liaison carbone-carbone.

Acide gras polyinsaturé (AGPI) : Acide gras qui comporte plusieurs doubles liaisons carbone-carbone.

Acide gras saturé (AGS) : Acide gras qui ne comporte aucune double liaison carbone-carbone.

Acide linoléique (AL) : Acide gras polyinsaturé de la famille des oméga-6.

Adénosise triphosphate (ATP) : Molécule qui fournit l'énergie nécessaire aux réactions biochimiques du corps humain.

Aérobie : Un milieu est dit aérobie s'il contient du dioxygène.

Anaérobie : Un milieu est dit anaérobie s'il ne contient pas de dioxygène.

Fructose : Sucre simple que l'on retrouve principalement dans les fruits.

Glucagon : Hormone hyperglycémiante sécrétée par le pancréas.

Glucide : Classe de composés organiques, regroupant de manière vulgarisée l'ensemble des « sucres ».

Glucose : Sucre simple que l'on retrouve dans la plupart des aliments.

Glycémie : Taux de sucre présent dans le plasma sanguin.

Glycogène : Assemblage de molécules de glucoses. La forme de stockage d'énergie la plus répandue chez les animaux.

Glycolyse : C'est la voie métabolique d'assimilation du glucose et de production d'énergie.

Index ou indice glycémique (IG) : Mesure de classement des aliments, basé sur leurs effets sur la glycémie après une ingestion.

Indice PRAL : Indicateur pour connaître l'effet acidifiant ou alcalinisant des aliments consommés.

Insuline : Hormone hypoglycémiante sécrétée par le pancréas.

Lactate (acide lactique) : Acide qui est notamment produit dans les muscles en activité.

Lactose : Sucre issu de l'assemblage de deux autres sucres simples, le galactose et le glucose.

Lipide : C'est ce qui constitue la matière grasse (acides gras) des êtres vivants.

Oléagineux : Plantes cultivées principalement pour leurs graines ou leurs fruits, riches en lipides.

Oméga-3 : Acide gras polyinsaturé. Il est dit « essentiel » car notre corps est incapable de le fabriquer, il doit donc être trouvé dans l'alimentation. Sa consommation réduirait les risques de maladies cardiovasculaires.

Oméga-6 : Acide gras polyinsaturé. Il est dit « essentiel » car notre corps est incapable de le fabriquer, il doit donc être trouvé dans l'alimentation. Sa consommation serait bénéfique en cas de taux élevé de cholestérol sanguin.

Oméga-9 : Acide gras mono-insaturé. Il est dit « non-essentiel » car notre corps peut le fabriquer. Sa consommation réduirait les risques de maladies cardiovasculaires.

Protéine : Molécule présente dans toutes nos cellules. Elle est constituée d'acides aminés.

Saccharose : Sucre composé d'un glucose et d'un fructose.

BIBLIOGRAPHIE

AFSSA, *Glucides et santé : État des lieux, évaluation et recommandations*, octobre 2004 : https://www.anses.fr/fr/system/files/NUT-Ra-Glucides.pdf

AUBINEAU Nicolas, *La diététique sportive*, janvier 2019 : https://www.nicolas-aubineau.com/

AUBINEAU Nicolas et TRUEL Aurélia, *TRAIL coaching nutrition*, éditions Mango, 2017.

BERTHOU Anthony, *La santé par la nutrition*, février 2017 : http://www.sante-et-nutrition.com/presentation/

CLEA, *Tout sans gluten, L'encyclopédie gourmande*, La Plage, 2020.

COLLECTIF, *100 recettes végétariennes*, Hachette Pratique, 2014.

CNRS, *Les secrets du microbiote intestinal*, septembre 2017 : https://www.youtube.com/watch?v=mJD6yNiQ_fc

DANIEL Hugues et KUHN Fabrice, *Nutrition de l'endurance*, Thierry Souccar Éditions, 2012.

DELUBAC Ghislaine, *De la nature à l'assiette*, Les Éditions au Pluriel, 2018.

ENDER Julia, *Le charme discret de l'intestin*, Actes Sud, 2014.

ÉTIENNE Jean-Louis, *Dans mes pas*, Paulsen, 2017.

GLOCK Beverly, *500 Superfoods*, Éditions de La Martinière, 2016.

PERONNET François, THIBAULT Guy, LEDOU Marielle et BRISSON Guy, *Le marathon : équilibre énergétique, endurance et alimentation du coureur sur la route*, Vigot, 1983.

PIQUET Florence, *Guide de l'équilibre acide-base*, Thierry Souccar Éditions, 2012.

RABHI Pierre, « Alimenter l'utopie ? », France Culture, 19 juillet 2018 : https://www.franceculture.fr/emissions/linvite-des-matins-dete-1ere-partie/pierre-rabhi-alimenter-lutopie

RATCLIFFE Janine, *Dîners faciles entre amis*, Larousse, 2011.

SOUCCAR Thierry et ROBARD Isabelle, *Santé, mensonges et propagandes. Arrêtons d'avaler n'importe quoi !*, Seuil, 2004.

TEILLET Laurent, « Seul le temps de transit colique semble être modifié chez les sujets de plus de 75 ans dépourvus de maladie gastro-intestinale », avril 2004 : http://www.saging.com/articles/seul-le-temps-de-transit-colique-semble-etre-modifie-chez-les-sujets-de-plus-de-75-ans-depourvus-de-maladie-gastro-intestinale-

Le bien-être..., marché du 21e siècle, mars 2016 : http://bienetrereunion.org/le-marche-du-21eme-siecle/

REMERCIEMENTS

La réalisation de ce manuel a été possible grâce au concours de plusieurs personnes à qui je souhaiterais témoigner toute ma reconnaissance :

Tout particulièrement à mes amis, le docteur Grégoire Benoît et Samuel Lugnier, mon coach sportif, ainsi que la diététicienne Lucie André, pour leur relecture scientifique et technique, et pour leurs conseils bienveillants.

Merci à ma sœur pour les illustrations des recettes et à mon frère, partenaire de course avec qui j'ai pu mettre en pratique ces différentes approches nutritionnelles ; sans oublier mes parents qui m'ont enseigné l'importance d'une alimentation saine, du labeur et de la persévérance, valeurs qui ont contribué à forger mon mental dans la pratique des activités sportives. Et bien sûr, Barbara Vignolle, ma compagne, pour la relecture de ce guide.

Enfin, je remercie mes amis et sportifs qui ont eu la gentillesse de témoigner de leurs expériences dans ce manuel, Tristan Duchet, éditeur de l'ouvrage, et Juliette.

Je rends hommage à mon cousin Jannick, ancien pilote automobile et sportif confirmé, disparu trop tôt, qui fut le premier à me faire découvrir les pratiques et astuces d'une bonne alimentation en montagne.

Alexandre Giora

CRÉDITS PHOTOS

© David Gonthier (p. 2, 4, 7, 8, 12, 15, 19, 27, 29, 32, 36, 59, 62, 66, 69, 71, 75, 77, 78, 81, 171, 183 et couverture) - © Rawpixel.com (p. 84) - © Wallpaper (p. 87) - © Eva (p. 93) - © Poké Paradise (p. 95) - © Laraffinerieculinaire.com (p. 96) - © Rosenoisettes.com (p. 97) - © 120streetcook.canalblog.com (p. 98) - © Tasty Foods (p. 99) - © MyOmegaSmart (p. 100) - © Camille, Vegan pratique (p. 101) - © Julien, Programme malin (p. 102) - © Amandine Cooking (p. 103) - © Isabelle Brivet (p. 104) - © Viandesuisse (p. 105) - © Douglas José/istock (p. 106) - © FomaA/Adobestock (p. 107) - © Chef Simon (p. 108) - © Haikucuisine.com (p. 109) - © Matinspo (p. 111) - © Shutterstock (p. 114) - © Qui Toque (p. 115) - © Ploton/Photocuisine (p. 116) - © CNIPT/Bernard Radvaner (p. 118) - © Craftlog (p. 119) - © Joshua Resnick/Fotolia.com (p. 120) - @ Anne Reverdy-Demay (p. 121) - © Iga.net (p. 122) © Swissmilk (p. 123) - © Vegan pratique (p. 124) - © Stefano Faita (p. 125) - © Delphine Pocard (p. 126) - © Marie-Eve Caplette (p. 127) - @ Skoltz (p. 128) - © Makadamiam (p. 129) - © Les Commis (p. 130) - © Bonchan (p. 131) - © Marmiton (p. 132) - © Biquet (p. 133) - © Potager City (p. 134) - © Quanthem/iStock/Getty Images Plus (p. 138) - © La cuisine de Lidl (p. 139) - © Chachoux14/Cookingsbubble (p. 140) - © Pescetarian Kitchen (p. 140) - © Les recettes de Cathy (p. 141) - © Ôdélices (p. 142) - © Lawton/Sucré salé (p. 143) - © Healthymood (p. 144) - © Santamariaworld (p. 145) - © Marielle (p. 146) - © Bowl-and-spoon.com (p. 147) - © Les pépites de Noisette (p. 148) - © Sarah Pham/Ladietetiquerie (p. 149) - © Mon insta diet (p. 154) - © Cocinarrecetasdepostres (p. 155) - © Lauren Caris Cooks (p. 156) - © Cuisine-moi un mouton (p. 157) - © Les pépites de Noisette (p. 158) - © Isis (p. 159) - © Laurence Denys (p. 160) - © Nicole Passion (p. 161) - © David De Stephano (p. 162) - © Vanille et poivre rose (p. 163) - © Getty (p. 164) - © Cuisine métisse (p. 165) - © Galbani (p. 166) - © Audrey cuisine (p. 167)

DANS LA MÊME COLLECTION

TRAIL EN FRANCE
Topo-guide des plus belles boucles

Partez courir à la découverte des plus beaux paysages de France : de la Corse aux Pyrénées, des volcans d'Auvergne à la Provence, sans oublier bien sûr les fabuleux sentiers des Alpes. Cet ouvrage présente une sélection de boucles pour tous les niveaux : de la course nature tranquille jusqu'aux trails techniques aux dénivelés généreux. Les boucles sont proposées par des pratiquants, du champion à l'amateur anonyme. Ils n'ont qu'un seul but : partager avec vous leurs horizons et leurs parcours favoris !

TRAIL DANS LE SUD-OUEST
Topo-guide des plus belles boucles

Envie de changer d'air ? Voici une sélection de topos trail se déroulant sur les superbes sentiers du Sud-Ouest. La surprenante diversité des paysages proposés va permettre à vos crampons d'aller fouler du sable, de la roche ou de l'humus, tout en étant accompagnés par la mer, les rivières, les lacs ou les étangs. Pour que selon votre humeur, vos parcours soient faits de sommets vertigineux, de vignobles ou de vallons champêtres...

TRAIL AUTOUR DE PARIS
Topo-guide des plus belles boucles

Allier course nature et région parisienne : telle est l'ambition de cet ouvrage ! De la forêt de Meudon à celle de Fontainebleau, des massifs du Val d'Oise aux bois parisiens en passant par la vallée de Chevreuse, l'Île-de-France regorge de lieux dépaysants, propices à la pratique du trail. Ce guide propose une sélection de 39 des plus belles boucles franciliennes, toutes accessibles en moins d'une heure de transports en commun depuis Paris. Venez donc découvrir ces parcours aux profils multiples !

RETROUVEZ NOTRE BOUTIQUE SUR
WWW.CHEMINDESCRETES.FR

HISTOIRES DE TRAIL

Le cheminement d'un coureur passionné au cœur des épreuves mythiques

Tor des Géants, Grand Raid de la Réunion, UTMB, PTL, 333, Hardrock Hundred Miles, Annapurna Mandala Trail... autant de courses dont la simple évocation suffit à allumer l'imaginaire du coureur. Étienne Fert nous partage ses moments d'euphorie, de doute et les difficultés qu'il a eu à surmonter pour terminer, ou pas, les plus belles courses de la planète trail. Avec recul, il évoque également ses réflexions sur l'évolution de la discipline. L'amateur éclairé y trouvera aussi foule d'anecdotes et de conseils techniques sur sa préparation, sa gestion de course et les apprentissages acquis, parfois à ses dépens, au fil des nombreuses courses auxquelles il a participé.

OBJECTIF MARATHON

Se fixer un chrono, s'entraîner, gérer sa course

Que vous souhaitiez vous aligner sur votre premier marathon ou que vous en ayez déjà plusieurs à votre actif et que votre objectif soit maintenant de faire descendre le chrono, ce livre répondra à toutes les questions que vous vous posez. Étape par étape, il aborde l'ensemble des thématiques qui mènent vers la réussite d'une telle épreuve. Les auteurs, accompagnant au quotidien les meilleurs athlètes français, vous livrent leurs secrets.

RUNNING, TRAIL : OBJECTIF ZÉRO BLESSURE

Prévenir, repérer et prendre en charge les différentes pathologies du coureur

Objectif zéro blessure s'adresse à l'immense majorité des coureurs, qui souhaitent pratiquer régulièrement tout en limitant l'impact négatif sur leur corps. Les petites gênes, les douleurs chroniques ou encore les blessures récurrentes ne sont pas une fatalité. Cet ouvrage va vous apprendre à les repérer, les décrypter et à mettre en place des outils de prévention. Avec *Objectif zéro blessure*, préservez-vous des blessures à court, moyen et long terme !

DANS LA MÊME COLLECTION

RANDO-VIN EN FRANCE
Belles balades et domaines viticoles de qualité

Aux quatre coins des régions viticoles, les vignobles ont pour cadre des paysages exceptionnels. En altitude sur des terrasses escarpées, en plaine, au bord de la mer... Leurs domaines constituent un point de départ privilégié pour de jolies randonnées au cœur de la nature ! Ce livre vous présente une sélection d'itinéraires de randonnées et vous invite à aller à la rencontre de vignerons passionnés. Travaillant en agriculture raisonnée, biologique ou biodynamique, ces artisans seront heureux de partager avec vous leur philosophie du vin. Récompense ultime de la randonnée; la dégustation de vins au sein de leurs caveaux ! Santé !

RANDO-BIÈRE EN FRANCE
Jolies balades et brasseries artisanales de qualité

La randonnée comme prétexte à une bonne bière ? Et pourquoi pas ! Vous pourrez ainsi marier plaisir de la marche et dégustation zythologique (étude de la bière). Laissez-vous surprendre par des brasseries et des bières choisies selon des critères de goûts, de rencontres et d'un état d'esprit ayant séduit l'auteur. Ce livre est aussi l'occasion de mettre en avant des artisanes et des artisans qui travaillent des matières premières de qualité avec passion. La randonnée et la bière ce n'est que ça, du plaisir ! Santé !

RANDO-FROMAGE EN FRANCE
Jolies balades et fromageries de qualité

Déguster un bon fromage fermier au détour d'un sentier ? Suivez le guide, c'est par ici ! Enfilez vos chaussures de randonnée et partez à la découverte de jolies balades et de producteurs passionnés. Dégustations, visites des fermes, gîtes, restaurants... voici tous les ingrédients pour une virée réussie au pays des fromages ! Ce sera également l'occasion d'en apprendre plus sur ce produit que l'on aime tant... Assistez à sa fabrication, à la traite des animaux, apprenez quel vin associer à quel fromage, et surtout, goûtez-les tous !

RETROUVEZ NOTRE BOUTIQUE SUR :
WWW.CHEMINDESCRETES.FR

RANDO-BIÈRE DANS LES ALPES DU NORD

Belles balades et brasseries artisanales de qualité

Amateurs de bières artisanales? Suivez le guide! Partez à la découverte de randonnées originales au cœur des Alpes du Nord, qui ont la bonne idée de se dérouler à proximité de brasseries artisanales de qualité. Du Mont Aiguille jusqu'au Salève en passant par la croix du Nivolet, arpentez les massifs du Vercors, de Chartreuse, des Bauges, de Belledonne, de la Vanoise, du Beaufortain... Et laissez-vous surprendre par des bières originales brassées par des artisans qui travaillent des matières premières de qualité avec passion.

RANDO-REFUGE DANS LES ALPES DU NORD

Belles balades et refuges de caractère

Besoin de déconnecter? Envie d'une aventure, d'une évasion en pleine nature? Alors pourquoi ne pas enfiler vos chaussures de marche et partir passer la nuit dans un refuge de montagne? Laissez-vous guider vers des refuges que nous avons spécialement sélectionnés pour vous et partez à la rencontre de gardiens passionnés et de paysages à couper le souffle. Du contenu de votre sac à la description précise des itinéraires, nous avons tout prévu pour que vous puissiez profiter pleinement de votre expérience.

GUIDE DES PREMIERS SECOURS EN PLEIN AIR ET EN MILIEU ISOLÉ

La nature nous offre un fantastique terrain de jeu. Randonnée, escalade, trail, VTT, parapente, canoë, alpinisme, équitation ou bien encore navigation... toutes ces activités se pratiquent en plein air, au cœur d'un environnement souvent sauvage et privilégié. Mais elles comportent également des risques. Partant de ce constat, en tant que pratiquant, il nous appartient de nous préparer à faire face à des situations d'urgence qui peuvent potentiellement se produire dans des zones isolées, inaccessibles, voire hostiles. Ce guide complet des premiers secours en plein air et en milieu isolé vous indique les bons gestes à adopter en fonction de chaque situation rencontrée.

Pour en savoir plus sur les Éditions du Chemin des Crêtes, vous pouvez consulter notre site Internet et retrouver notre boutique sur :

www.chemindescretes.fr

Vous pouvez également suivre notre actualité sur les réseaux sociaux :

Éditions du Chemin des Crêtes

chemin_des_cretes_editions

IMPRIMÉ & RELIÉ en FRANCE par sepec

IMPRIM'VERT®

PEFC 10-31-1470 / Certifié PEFC / Ce produit est issu de forêts gérées durablement et de sources contrôlées. / pefc-france.org